歯医者は医者かと問う勿れ

秋元秀俊

生活の医療社

歯医者は医者かと問う勿れ

目次

1章 運命としての職業……5
2章 CD設立メンバーからの洗礼……25
3章 日露戦争前夜の躍動……65
4章 医師法・歯科医師法の成立……91
5章 歯科医専の誕生……125
6章 三崎町派・富士見町派さらに東大歯科の対立……149
7章 血脇大人への手紙……163
8章 中心感染説と米国における二元論の確立……187
9章 反二元論宣言に対する集中攻撃……209
10章 日本大学専門部歯科設立と歯科医師廃止論……241
終章……255
人名索引……viii
年表……i

凡例

・引用文の表記については、原文に準じた。
・初出、引用文以外の表記については学校名や雑誌名の固有名詞についても、旧字を改め、現代仮名遣いと当用漢字に改めた。
・ルビは引用含め、著者による。

1章　運命としての職業

養子

尋常小学校四年[*1]の少年、十歳《とお》と言えば、最も多感な年頃である。父親は士族、運雄《かずお》はその九人目の末子である。明治初期の士族は、政府から涙ばかりの秩禄《ちつろく》を得ていたが、明治九年には秩禄が廃止されて金禄公債が下され、士族はこの公債のわずかな利子で生計を立てていた。よほど商才に長《た》けていたか、あるいは運良く新政府の役人に取立てられでもしなければ、まず例外なく売り食いの生活であった。何か商売に手を出しても、武士の商法と笑われるのが落ちである。明治七年の佐賀の乱に始まり明治十年の西南戦争に至るまで、各地で不平士族の反乱が続いた。経済的な困窮だけではない、武士としての社会的地位も権威も奪われ、気位だけで暮らしていたのである。その父親からある日呼ばれて、そこに座って話を聞けと言われた。妙に堅苦しいもの言いで「お前を欲しがっている人がいる」と父が言ったに違いない。彼がまだ幼い頃、記憶も定かではないが、十歳上の兄が、長谷川という金持ちの家に貰われていった。[*2]父親は、お前の行く家も裕福な家だから何の心配もない、学校にも行かせてくれる約束だと言う。

実父近藤碌二《ろくじ》は、旧久保田藩の江戸留守居《るすい》役、[*3]すなわち藩の外交役の上士だったので、一家は佐竹公の江戸下屋敷[*4]の片隅に居を得ていた。久保田藩は、戊辰《ぼしん》戦争に際して奥羽越列藩同盟を離脱し、それを敵にまわして新政府軍の奥羽鎮撫使《ちんぶし》に随従して戦った。その戊辰秋田戦争で、久保田領内はほぼ全土が戦火にさらされ、新庄藩・本荘藩・矢島藩から逃げのびてきた藩主・藩士の家族のまかないをすべて負担したとされる。久保田藩は、結果的に戊辰戦争の勝ち組に名を連ねはしたものの、地域戦争においてすべてを失う敗者であった。明治二年に新政府から下された賞典は雀の涙で、藩士には新政府への不信が募ったという。藩自体が、経済的に極度の困窮状態にあった。

慶應四年二月に新政府は、王政御一新につき輿論公議《よろんこうぎ》を執《と》るとして各藩から新政府の議員として「貢士《こうし》」を出すことを求め、重ねて五月には各藩に「公務人《こうむにん》」の職をおくべきことの布告を出したが、元来外交を職とした留守居は、その適役《てきやく》と目された。(1) しかし、実父近藤碌二が、明治政府の公

＊1　小学校令（第二次）の公布（一八九〇年）までは尋常小学校は四年制で、ここまでが義務教育だった。
＊2　実兄鶴二（次男）は、明治十五年、運雄が三歳になる前に長谷川保の養子となっている。
＊3　留守居役とは本来、不在の藩主に代わって留守を守る役であるから古くは家老クラスの上席者が任ぜられたが、幕末には藩の外交問題の実務にたずさわる役人を御城使、留守居などと称するようになった。（白石良夫『最後の江戸留守居役』筑摩書房、二〇〇二年）
＊4　久保田藩は、幕末に下谷七軒町（元浅草）に上屋敷、神田佐久間町と本所十間川に中屋敷、鳥越、本所中之郷、日暮里に下屋敷をもっていた。運雄が生を受けた藩邸とは、本所中之郷の屋敷を指すものと思われる。

務人だったという記録はない。藩は、新政府に申し出て、関ヶ原の前に領知《りょうち》していた秋田氏の名前をとって秋田藩となったが、そのわずか半年後に廃藩置県で秋田県となる。[*1]

運雄を養子にいただきたいと申し入れてきた佐藤重《しげる》は、この時代にはまだ極めて珍しい歯科の医師であった。医術開業免状を受けていないので厳密には歯科の医師と言えないが、当時の免状持ちよりもはるかに洋方歯科に熟達し、名声もあった。わが国に最初に洋方歯科医学を伝えた米国の歯科医イーストレーキ（William Clark Eastlake/Eastlack）の一番弟子の長谷川保兵衛《やすべえ》（後に保《たもつ》と改名）の門下にあって、明治十四年にイーストレーキが三度目の来日で横浜の山手一六〇番館に診療所を開いた時には、長谷川の推薦で助手に付いた。

長谷川保兵衛は、一八三八（天保九）年に本所両国で代々絲《いと》商を営む五郎兵衛の家に生まれ、初め鼈甲《べっこう》の商いで身を起こしたが、開港後の横浜の繁栄を知って石川町に移り、イーストレーキが開業する歯科診療所の雑用をしながら、その技術を学び、師に従って上海、香港を経てベルリンで診療を手伝い、六年を経てドイツから帰国すると本所横網に歯科診療所を開いた。帰国を熱心に勧めた駐独代理公使品川弥二郎子爵や山県有朋《やまがたありとも》内務卿[*2]の応援もあって、歯科医業は繁盛し一代で名を成した。[(2)(3)]

長谷川保の門人佐藤重は、一八五七（安政四）年生まれ。伊勢原の里正《りせい》[*3]佐藤善右衛門の次男で、口中医の高橋富士松に学び、東京に出て伊澤道盛《みちもり》[*4]に一年師事し、その紹介で長谷川の門に入った。[(2)]

鑑札営業

佐藤は、明治十七年に長谷川の門下から独立して、日本橋小網町で開業した。この日本橋小網町の診療所は、開業一年余りで火災にあって全焼し、日本橋浜町に移転するが、ここでも半年の間に二度火を出し、京橋弥左衛門町《やざえもん》（現在の銀座四丁目）に診療所を移転している。(2) 歯科は火を使う仕事だが、それにしても多い。この時代には、わが国には火災保険というものはなかったので、火事を出せば財産を失い、借金をして再出発を期すことになる。明治二十年にはイーストレーキが築地で亡くなり、翌年には長谷川保も亡くなっている。妻八重子との間に子はなく、師の長谷川が亡くなって跡継ぎのことを真剣に考え始めたものと思われる。長谷川が亡くなった翌年の明治二十二年、

＊1　久保田藩は、明治四年一月に新政府に藩名変更を申し出て、関ヶ原以前に領有していた秋田氏の名をとって秋田藩となり、同年七月の廃藩置県により秋田県となった。

＊2　山県有朋内務卿（内務大臣すなわち現在の首相にあたる）。

＊3　庄屋の別名。明治維新後に庄屋制度が廃止され、官民境界線上の役職名として用いられたが、間もなく廃止された。江戸時代の出版物では、財力を背景にした文化・教養の担い手として登場する。

＊4　伊澤道盛は、筑前黒田藩口腔典医の家に生まれ、英語を学んで歯科を独習し、小幡英之助が東京築地に歯科を開業すると押し掛けて弟子となって西洋歯科医術を習得した。後に、髙山紀齋、小幡英之助とともに日本初の歯科医団体を創設した。

おそらくは生前に長谷川が口添えしていたのであろうが、長谷川が養子をもらった近藤家に養子を申し入れた。師の長谷川は一人娘を亡くしており、近藤碌二氏の次男鶴二を跡継ぎのために養子としていたが、その伝手《つて》で弟子の佐藤重も、その三男運雄（明治十二年生まれ）を養嗣子《ようしし》としたのである。

家督を継ぐために養子を取るというのは本来武家のすることだったが、それが一八〇度逆転し、西洋医学が入って来るまでは香具師《やし》大道芸と変わらぬ賤業《せんぎょう》と見なされていた入歯歯抜口中医《いればはぬきこうちゅうい》が、武家から養子を取るというのである。次男に続いて三男まで、歯科を業とする家に養子に出さねばならない。近藤碌二氏の胸中は、どんなものだったろうか。

歯科沿革史調査資料は、佐藤重について「業ヲ営ムコト三十年最モ金充塡《じゅうてん》ニ長ジ、専門ヲ以テ自ラ任ジ、義歯ノ如キハ多ク渡邊良齋ニ任セタリ」と書いている。(2) この渡邊良齋は、長谷川保の同門である。佐藤重は、このようにイーストレーキ直伝《じきでん》の金充塡の名人として知られる歯科医であったが、繰り返し火事を出したこともあり、当時は決して裕福であったとは考えられない。さらに、ひとつの大きな問題を抱えていた。先に触れたとおり、師の長谷川に倣《なら》って、医術開業試験を受けていなかったのである。佐藤重は、「入歯歯抜口中療治」の鑑札で営業する医術開業免状をもたない施療医であった。(2)

佐藤運雄は、晩年に雑誌の座談会で、養父のことを聞かれ、次のように語っている。試験規則ができたときの話である。

「(長谷川保は) 山県さんに相談に行った。試験規則が出来ましたけれども、私は試験をしたものでしょうか、というとお前なんかしなくてもいい(医術開業歯科試験を受けなくてもいい)という。それだからこの人(長谷川保)は何というか、頭の学問の人というよりは、実際家なんだ。そうして山県さんの意見で試験を受けないということになった。この人に僕の養父(佐藤重)が大変可愛がられておった。あの時分にイーストレーキがこちらに帰って来て開業する時に、自分がいけないので養父が代わりに推せんされて行った。だから長谷川もイーストレーキから十分歯科医として資格があるというレコムメンデーションというものを貰っていた、お墨付きを持っていた。」(括弧内は引用者による追記(4))

医術開業試験について若干の解説を加えておくと、医制発布の翌年明治八年から文部省は東京・京都・大阪の三府で医師開業試験を始めた。その四年後に内務省甲第三号医術開業試験規則と医師免許規則が布達されたのであるが、ここで初めて「歯科」という診療科名が公に使われた。この名称は、米国人歯科医師エリオット(SJ Elliot)の愛弟子であった小幡英之助が自ら考案し、明治八年の最初の医師開業試験に際して東京医学校(後の東京帝国大学医科大学)に、医制にない「歯科」という専門科名で受験することを願い出たことに起源をもつ。[*1] 東京医学校は、当然難色を示したが、小幡は強硬に交渉して初の「歯科」専門の医師開業試験が実施され、東京府第1号の医師（医籍第4号）[*2] となった。これが明治十二年の内務省布達の第二条の医術の科目となったものである。もちろんこの時点では、医術の一専門科名としての歯科である。しかし、その四年半後の内務省布達[*3]（一八八三年十月）医術開業試験規則と免許規則で、産科と眼科は医術科目として統合され、歯科の一科だけ別条を設けて試験科目が定められた。そして医術開業試験の但し書きとして歯科医術開業試験なるものが独立した。[*4]

この二年後、無免許営業を取り締まるために、内務省は入歯歯抜口中療治接骨等営業者取締方を通達して、長期に営業実績のあるものにのみ鑑札を与えて営業を許す策をとった。佐藤重は、その名を知られた優秀な洋方医であったが、法的身分は鑑札をもって許された営業者であった。

一年の猶予

こうして十歳の少年運雄は、養子として家を出されると同時に、歯科医になることを運命づけられたことを知る。もっともそのとき、運雄が歯科医という職業を十分理解していたとは考えにくい。歯科という名称は、ちょうどこの少年が生を受けた年に医師試験規則に、医術の科目として「内外専門家、内科産科、眼科及び歯科」と規定され、従来、口歯科、口中科《こうちゅうか》と呼ばれていたものが、初めて歯科と呼ばれるようになったばかりだった。しかも、養父は、その免状をもっていない。「(佐藤重という人は) 非常な人情家なんだ。そこにもう一人渡邊良齋がいた。そこで親父は渡邊に相談した。渡邊は理性の人で、僕の親父（佐藤重）は先生（長谷川保）が試験を受けないというから、自分も受けないという。イーストレーキから貰うもの（修業免状）はもらったから、自分は受けない。渡邊は理性的だから今に試験にパスしていなければ通用しなくなるから、俺は受けるという。そこは全く性格に従っておるから面白いと思うのだよ。それで渡邊氏は別になって開業した。

＊1　一八七九（明治十二）年、内務省布達甲第三号医師試験規則で、医術の科目が「内外専門家、内科産科、眼科及び歯科」と規定され、従来、口歯科、口中科と呼ばれていたものが歯科と呼ばれるようになった。一八八三（明治十六）年に内務卿布達・医術開業試験規則において専門科を廃したが、歯科のみ別に試験科目を定めた。一般に、これをもってわが国の歯科医師制度の始まりとする。ただし、歯科の医師第1号は、一八七五（明治八）年に第1回の医術開業試験を「歯科」として受験し合格した小幡英之助とされる。また一八八五（明治十八）年に山県内務卿が入歯歯抜口中療治接骨営業者等取締規則の制定を都道府県知事に指示した。これに基づき地方庁で営業者の鑑札を下付した。

＊2　医籍第4号の小幡の開業免状には「歯科医術開業免許候事」と記された。

＊3　第二条「医術を開業せんと欲するものは、医術の科目（内外科、専門内科、専門外科及産科、眼科、歯科等）開業の場所を記したる願書に……（以下受験願書ほか添付書類）」とある。

＊4　中原泉は、『現代医歯原論――歯科医師へのアプローチ』（書林、一九七九年）において、小幡英之助の「歯科」受験に始まり歯科医術開業試験の独立に至る過程を詳しく跡づけ、歯科の医術開業試験からの独立をもって医歯分離の分水嶺であったとしている。

僕の親父はこれも独立して開業したのですが、やはり渡邊の言う通り後になると適格または修業免状をいくらイーストレーキに貰っても、そんなことは通用しない、それで東京府から入歯歯抜口中治療という免状[*1]を寄越《よこ》すようになった。どうしても歯科医が一人いないと具合が悪いのだよ。始終誰かいましたよ。うちにはね。そんな風だから僕が養子になった時にはどうしてもお前は歯科医になれということなのだが、その時分は日清戦争の後で造船が非常に流行した。僕は幸いにして中学の方は成績もよかったものだから高等学校から大学に行って、工学部に船用機関科という科があってそれをやろうと思ったけれども、どうしてもいかんというわけです。[(4)]」

　養父は、中学に上がって成績のいい運雄が、高等学校さらに大学へ進学する夢を次第に膨らませることを怖れたのだろう。帝国大学工科大学（後の東京帝国大学工学部）は一八八六（明治十九）年に工部大学校と旧東京大学理学部の一部が合併して生まれたが、工部大学校の学生のほとんどは、幕臣の子弟であった。運雄は「日清戦争の後で造船が流行した」ことを理由にしているが、無意識のうちに武士の子の進む道を自分の歩く道だと思い描いていたことは想像に難くない。外科学を学んでいた小幡英之助が、歯科を志すと言い出したとき先輩知己は「士人の業とするに足らず」と諫《いさ》めたという。[(5)] 運雄が、歯科を武士のする学問と考えていたとは思えない。

「僕は歯科をやりたくなかったんだよ、そういうとおかしいけどね、僕は築地のその時分一つしかなかった府立中学[*2]に通ってたんだ、一番よくできたんだよ。ところがある事情で学校をやめさせたいからと家から言ったのだろう。校長も教頭も佐藤をやめさすのは惜しいからといってくれたんだ。両方承知しないんだ。それは丁度四月だから一年たった来年の四月には僕に自由をくれるということで折合いがついた。その間にぼくは勉強したのだよ、自分で。[(6)]」

「来年の四月には僕に自由をくれる」というのは「来年の三月まではやめさせない。それまでは僕に自由をくれる」がおそらく正しい。ここで「家」というのは、養父・佐藤重の家を指す。「ある事情」とは、家業を継がせるために医術開業歯科試験を受けさせたいという家＝父親の事情である。開業試験が始まってから、その試験の勉強を教える私塾をつくる動きが盛んになっていた。[*3]佐

＊1　鑑札。

＊2　一八八七（明治二十）年に東京府尋常中学校（京橋区築地）が設立され、それが東京府中学校、東京府第一中学校と名称を変え、一九〇一年に府立第一中学（後の日比谷高校）となる。尋常中学校の修業年限は五年。学制が公布された一八七二（明治五）年から中学校教則大綱ができるまでは、上等中学と下等中学のそれぞれ三年、明治十四年からは初等中学科（修業年限四年）と高等中学科（同二年）、明治十九年の中学校令の公布後は高等中学校と尋常中学校となり、明治三十二年には中学校令の改正により各府県に1校の中学校が設置された。

＊3　高山歯科醫學院（高山紀齋、一八九〇年開設）のほか、歯科矯和會（高橋富士松、一八八八年）、東京歯科専門學校（石橋泉、一八八八年）、東京・大沢歯科醫學校（一八八九年）、歯科矯和會・歯科講義會と改名（一八八九年）、愛知歯科醫學校（渡邊敬三郎、一八九三年）、仙台歯科醫學校（一八九三年）、大阪歯科醫學講習所（藤原市太郎、一八九三年）、大阪歯科學教授所（藤原正哉、一八九五年）が開設されていた。

藤重が最初に師事した高橋富士松も、従来家の有志四十余名の協力を得て開業試験の予備校的私塾（歯科矯和会）を明治二十一年に開設していた。

父親（佐藤重）は、二年で中学を中退させようとした。運雄の通っていた築地の東京府尋常中学校（後の府立一中）は五年制だったが、校長と教頭の熱心な説得で、父親は三年の終わりまで中学に通わせて卒業させることを承知したのである。明治三十二年に中学校令が改正されて旧制中学ができるまでは、中等教育の教育年限は数年ごとに目まぐるしく変化しており、尋常中学校の修業年限は五年だが、五年を一級～五級にわけ各級の授業年限を一年としていたので、二段跳びの飛び級が許されたものとみられる。いずれにせよ、運雄には父親の定めた道を歩き始めるまでに一年の猶予が与えられた。

運命に抗う

高等学校に進む望みも、その先に進む望みも断たれた運雄は、その猶予の一年を幅広い学問を学ぶために使う。運雄は、砂漠の旅人が喉の渇きを癒すように夢中で学んだ。

「あっちこっち歩いて……今の人がやっているよりはるかにやったよ。……数学でいうとね、数学専門の学校があってね、そこへ行ったし英語は今でいう斉藤の正則《せいそく》英語学校ができたばかりだったので、そういう所へ行ったのだよ。(6)」

この文章は佐藤運雄が八十三歳のときに歯科ディーラーの社長が主幹する雑誌のインタビュー記事で、やや記憶が前後している。正則英語学校の設立は、一八九六（明治二十九）年、運雄が高山歯科医学院に入学したとされる年*の十月だが、中学の形式的な卒業を待たずに通ったのは数学専門の学校で、正則英語学校は高山歯科医学院と同時か、その後に通ったものと思われる。

運雄が通った英語学校は、正則英語学校だけではない。父親に中学を中途で退学させられそうになる出来事があってから、運雄は猛然と英語の勉強を始めた。あたかも運命に抗うように学んだ。「僕がいた教会に福音会英語学校という夜学があつた。三年課程でそこを卒業した。それからその時代に英人がやっている築地にサンマースイングリッシュスクールがあった。……みなきょうだいで、別嬪《べっぴん》なんだ、中にはそれを張りに行く者もあった。(4)」

これが中学在学中のことか、高山歯科医学院に通い始めたとされる時期のことかは分からないが、運雄はまず夜学の福音会英語学校に通い始めた。福音会英語学校は、銀座四丁目の日本基督教団銀座教会がキリスト教布教のために運営する英語学校で、この頃に始まり今も続く夜学である。父親

＊　筆者は、目下のところ運雄が高山歯科医学院に入学したとされる信頼できる資料を目にしていない。院外生であった可能性が高い。

の京橋弥左衛門町の診療所とは目と鼻の先である。次に出てくるサンマース（James Summers）は、岩倉具視《ともみ》の招請によりお雇い外国人として来日したイギリスの教育者で、東京開成学校（後の東京帝国大学）や札幌農学校などで教鞭を執った後、築地に英語学校を創設した。これも歩いて通える距離である。運雄が通った頃には、サンマースは亡くなっており（一八九一年没）、その娘らが教えていたものと推測される。

「もう一つ芝公園にセンターアトリー（ママ）というイギリス系統の教会があって、そこで英語を教えてくれる。其処にも行ったし、それから正則英語学校というのがあるでしょう。斎藤秀三郎という、これは堪能な英学者というよりも、英教師だね。そこに行ってね、高等文学部というのがあるのだ、英語の哲学をやったりするのだよ。教科書でね。これでやったのだ。それだから僕の当時の英語は確かだった。(4)」

英語の習得にすべての精力を注いだ。それは運雄が、自らの運命を切り拓く唯一の途《みち》だった。芝公園は伊皿子坂《いさらござか》の高山歯科医学院から遠くない。おそらくセイントアトリーという名の教会で学んだのは、もし運雄が高山歯科医学院に通っていたとすれば、同時期ではなかっただろうか。英語を勉強した話題は次から次に出てくるが、それが高山歯科医学院の前なのか、在学中なのか、この時期の思い出を語るとき、運雄は歯科を学んでいたことを口にしない。

メディコデンタルの礎

運雄が、尋常中学を三年で終えて入学したとされる明治二十九年の四月から、髙山歯科医学院は四年制を二年制に短縮した。米国の大学で学んだ髙山紀齋《きさい》は、髙山歯科医学院の入学資格要件を当初、医科と同等の尋常中学修了17歳以上とし、修了年限を四年としていた。

髙山は、米国のヴァンデンブルフ（Van Denburgh）の下で五年間歯科医術を学んで帰国したが、医術開業試験を受け内外科《ないげか》の免状を得ている。(7) 髙山は、歯科を医科の一分科と位置づけて疑わない。髙山は、歯科医術開業試験委員を務めていたが、「歯科医と普通医とが同一の均衡を保っていくためには、その試験を普通医のように前後二期試験の制度にすべき」と所説を述べて受験者から非難を浴びたこともあった。(8)

当然のことだが、あまりに厳しい条件であるため開学当初の新入生はわずか九人、随時入学に変更して学生は増えたものの経営は厳しく、ついにこの明治二十九年に二年制に短縮したのである。創立時に、医学部並みに必修教科とした動物学、植物学、組織学、内科学、外科学を二年制化に伴いカット、さらに歯科外科、歯科手術、金石学、鍛金術、合金術など自慢の教科もカットした。髙山歯科医学院も、このとき他の学校並みに医術開業歯科試験の予備校に身を落としたのである。学院長の髙山は、宮内省侍医局御用掛として東宮殿下の抜歯や皇后陛下の治療を承《たまわ》る高貴なお方かもしれないが、卒業までに四年もかかるのでは、行かせるわけにはいかない。筆者は、運雄が実際に髙山歯科医学院に通ったと推測するに足る資料を確認していない。もし髙山歯科医学院に通っていたとしても、養父が入学を許したのは学問のためではなく、予備校化したからこそであっただろう。言うまでもなく運雄にとって、それは魅力的なものではなかった。

当時の髙山歯科医学院は、伊皿子坂のスペイン公使館として使われていた木造二階建ての瀟洒《しょうしゃ》な建物で、敷地内には教室のほか、寄宿舎2棟、髙山紀齋邸そして隅には幹事住宅と呼ばれる小さな管理者用の建物があった。血脇守之助《ちわきもりのすけ》は、慶應義塾別科を卒業し、新聞社勤務や英語教師を経て髙山歯科医学院に入った変わり種であったが、医術開業歯科試験に合格した後は、この幹事住宅に住み学校の運営と講義を助けていた。翌年夏、友人の医師の誘いで福島に出張診療に出かけた折りに、たまたま、向学心に燃える青年・野口清作《せいさく》（のち二十二歳で英世と改名）と出会う。その後の、清作に対する血脇の助力と清作の勉学と遊興散財の波瀾万丈《はらんばんじょう》逸話は、ここでは略すが、清作は勉学に勤《いそ》しむため、この幹事住宅に起居して学僕《がくぼく》として始業終業の鐘を鳴らしランプの掃除をしながら明治三十年十月に医術開業試験に合格した。この後、血脇は清作を講師として採用する。(9) これ以後、血脇は、天才肌の英世の浪費癖に苦しめられながらも支え続けるのであるが、この物語の主人公佐藤運雄は、明治二十九年清作が学院に住み込んで学僕となった年に入学したとされ、昨日までの学僕が医師となり講師に採用され教壇に立って学生たちを驚嘆させた年に二年次であったと推測される。運雄と英世はまったくの同時代人なのである。

運雄が伊皿子坂の高山歯科医学院に通っていたかどうかは怪しい。少なくとも運雄は歯科をまじめに勉強する学生ではなかった。運雄にとって歯科医師資格はアメリカに行くために踏むべきステップに過ぎなかった。この頃、運雄は、アメリカに行くことを堅く心に決めていた。それが、自分の運命を切り拓く唯一の途だというように。

「ぼくは歯科をやるにはね、どうしても医学を知らねばいかんと思って、医学をやろうとしても、医学校ではどこだって入れやしない。そんな中ぶらりんな者は、その当時済生学舎《さいせいがくしゃ》*というのがあったんだよ。……そこでアメリカに行く前に勉強したんだよ、医者の書生《しょせい》だね。……長谷川という人が校長でね、開設者でね。その人が普通の玄関番を置いて講義をするんだね、朝五時から授業なんだよ、皆んな病院などに勤める人だが、それが勤める前に来るんだね。[10]」

偶然だろうか、野口清作と佐藤運雄は、ほぼ同時期に済生学舎に学んでいる。明治三十年十月の

＊　済生学舎は、長谷川泰により医師の早期育成を目的として一八七六年に設立された私塾。一九〇三年廃校となるが、その教員によって同窓医学講習会が開校され、これが私立医学校となり、一九一〇年に私立日本医学校付属駒込医院（現在の日本医科大学付属病院）となる。野口英世の学歴は済生学舎（日本医科大学の前身）と書かれることが多い。なお、佐藤運雄は明治三十二年五月に歯科医術開業免状を得ているが、その時の授与者は内務省衛生局長の長谷川泰であった。

医術開業試験に備えて野口清作は血脇の援助を受けて済生学舎に学んだ。後期試験は、一年半以上の修学、臨床各科とともに臨床実験というものがあって、独学というわけにはいかなかった。翌年医術開業歯科試験に合格した運雄も、合格後に同じ済生学舎に学んでいる。運雄は、午前は基礎学科、午後は臨床学科の授業を取るために、京橋から湯島の済生学舎まで、約一年間歩いて通ったという。

「解剖なら解剖学と実習をやって試験を何日やるからというと、試験料を出さなくてはいけない。しかし家ではそんな金を出してくれない。そうかというと田舎から来ていて学校に行って免状をもらったということを報告したい奴がいるんだ、君その金を出せ、俺がその試験を受けてやるからということで、僕が代理して受けてやるんだ。[11]」こういう次第だから、佐藤運雄は自身の学歴に、この済生学舎を記載していないが、これが生涯、運雄が重きを置くメディコデンタルの土台となったことは容易に想像がつく。

第1章引用文献

（1）白石良夫『最後の江戸留守居役』、筑摩書房、二〇〇二年
（2）大日本歯科医学会編『歯科沿革史調査資料』、89頁、大日本歯科医学会、昭和元年12月25日発行　一九二六年
（3）今田見信「洋方齒科の開拓者としての外人齒科醫竝にW・C・イーストレーキ先生」『中外医事新報』（1251号）、日本医史学会、一九三八年
（4）佐藤運雄、栖原六郎、穂坂恒夫、関根永滋、山田平太「佐藤運雄先生　若き時代を語る」『日本歯科医師会雑誌』11巻（10）、568～575頁、一九五九年（以下、『日歯会誌』11巻（10）、X頁、一九五九年）
（5）中原泉『現代医歯原論　歯科医師へのアプローチ』、29～41頁、書林、一九七九年
（6）語る人・佐藤運雄、聞く人・小林辰之助「楽苦我記放談シリーズ　思い出ばなし　よもや万（一）」『楽苦我記』、小林歯科産業、一九六一年6月（以下、『楽苦我記』（一）、一九六一年）
（7）今田見信『開国歯科医人伝、今田見信著作集III』、129頁、医歯薬出版、東京、一九七三年
（8）松宮誠一編『血脇守三之助傳』、68頁、学校法人東京歯科大学、一九七九年（以下、『血脇傳』、X頁、一九七九年）
（9）東京歯科大学創立一二〇周年記念事業記念誌編纂部会『近代歯科医学教育を拓く　東京歯科大学創立一二〇周年記念誌』、28～29頁、学校法人東京歯科大学、東京、二〇一一年
（10）『楽苦我記』（一）、19頁、一九六一年
（11）『楽苦我記』（一）、20頁、一九六一年

2章　ＣＣＤ設立メンバーからの洗礼

徴兵に行ったつもりで渡米を許す

「歯科医になっておかなくちゃアメリカへやらないというんだよ、それだから半年間独学して半年で歯科医になったのだよ。(1)」

これは晩年のインタビュー記事の一節である。アメリカへ行くために歯科医の免許を取る。逆ではない。これが、運雄流の運命の切り拓き方であった。

養父に、アメリカに行きたければ医術開業試験を受けて開業免状を受けてからにしろと言われ、英語の勉強に明け暮れていた運雄は、心機一転、半年間医術開業歯科試験の勉強をし始めた。そして見事合格したのである。ここでは独学だと話している。

この医術開業歯科試験の合格について、日本大学が佐藤の八十歳を祝して刊行した『記念寫眞帖』には「実に六ヶ月の早業であり、まさに超人的努力というべきで驚くより他ない。(2)」と記されている。『寫眞帖』の執筆者もまた、おそらく佐藤自身から「六ヶ月独学した」と聞いたのであろう。[*1] いずれにせよ、佐藤運雄は、一八九八(明治三十一)年の十月に十八歳で医師免許規則による内務省医術開業歯科試験に合格し、翌年(一八九九年)五月に開業資格(歯科医術開業免状)を得た。[*2] 当時の医師試験規則(内務卿布達)は受験願書の提出資格を「満二十年以上ノ者」としているが、どういう理由か、その規則を逸脱するスピードで免状を得た。養父の期待に、しっかりと応えたのである。

　免状を取得した後も、医術開業試験（医師）の予備校である済生学舎で医学を学び、夜は銀座教会の英語学校に通ったが、ちょうどその年の誕生日が来て二十歳になった運雄は徴兵検査を受けることになった。明治六年の徴兵令によって、この当時、二十歳になった男子には必ず徴兵検査というものがやってきた。

「いくらか情実があったのだね。例えば庄屋の息子とか何とかいうと、甲種で合格しても乙にしてくれる。……ぼくのじいさんというのは、つまり養子のおじいさん[*3]だがね、おもしろい人で毎朝縁側に立って（手をかざして）こうやって見渡す限りのところをみんな自分のものにしたいという

＊1　『佐藤運雄先生八十賀記念寫眞帖』では、中学を三年で卒業するとすぐに高山歯科医学院に入学して、わずか六ヵ月で医術開業歯科試験に合格したという記述になっているが、誤りである。

＊2　「齒科醫學叢談」（高山歯科医学院）第三巻四号は、東京における明治三十一年の歯科医術開業試験の合格者十二人のうちの一人として佐藤運雄の名前を掲げている。また「高山齒學院過去及現在ノ状況」（明治二十八年発行）は院外生二百八、在校生百十五、卆学五十一、門下十六としている。工藤逸郎らは、(3) 醫術開業齒科試験及第之證（明治三十一年十月二十二日付）と齒科醫術開業免状（明治三十二年五月二十四日付）の複写を掲げ、明治二十六年東京府立一中入学、明治二十九年東京歯科医学院入学、明治三十一年同校修了　内務省医術開業歯科試験合格、明治三十二年歯科医術開業免状授与と略歴を整理している。

＊3　佐藤善右衛門、養父・佐藤重はその次男。

欲望を持っていたんだ。そんな人だから調子よく徴兵の合格は乙にしてくれて身体は悪くなかったが。入隊はしなくてもいいということにしてくれた。(1)」

「祖父さん」(佐藤重の父)というのは、今の神奈川県伊勢原の里正《りせい》だった人だが、歯科医の養父が開業免状のことだけを考えていたのに対して、祖父さんにはもう少し遊び心があったのかもしれない。運雄の「おもしろい人」という表現は、その「欲望」が損得を超えた天真爛漫なものであったことを想像させる。

実は、この時代の徴兵は、かなりいい加減なもので、徴兵令は官庁勤務者、官公立学校生徒、医術等修行中の者、一家の主人のほか、二百七十円の代人料を収めた者などを兵役の免除者としていた。このため、日清戦争当時、二十歳男子の九割が免役(兵役を免除)該当であったという見方*もある。それなりの金額を支払いさえすれば、兵役を免れることは難しくなかったし、お国に背くというような負い目を感じることでもなかったのである。

「その時分は日清戦争で、海軍が相当幅をきかせていたからね。造船技術が非常に騒がれた時だ、ところがどうしても(上の学校に進んで造船をやることは)許されないんだ。そこで徴兵に行ったつもりで、二年ばかりアメリカへ行くことにした。(1)」(括弧内は引用者による追記)

歯科医の道に進むことは佐藤の家にもらわれた以上、変わることのない運命である。その運命に抗うことはできない。養父にとっては、息子が一日も早く開業免状を取って仕事場に居てくれることが望みだった。そのための養子である。養父重は、歯科医としての技倆が並外れて名声を得ていただけに、そしてイーストレーキに直《じか》に師事して免状を持たなかったために、養子に開業免状を取らせることは至上命令だった。

「家のことからしてどうしても歯科をやらなければならんと思ったんだから、そうなりゃ、歯科なら少し気のきいた歯科医になろうと思って、それで気のきいた歯科医になるべく努力したんだよ。(1)」

中学で抜群の成績でありながらその中学を中途で辞めさせられ、まして上の学校には行かせてもらえず、歯医者になることを強いられた運雄にとって、アメリカ行きは最後の救いだった。養父にしてみても、文句はなかった。英語ばかりに熱中している息子に、アメリカに行きたきゃ免状を取ってからにしろと言い渡したところ、早々と開業免状を取ってくれたのである。

「アメリカに行かせてやれ、兵隊に行ったと思えば同じことじゃないか、免役にしてやったのは私だよ」と、祖父がそう加勢してくれたのかどうかは分からない。いずれにせよ「徴兵に行ったつもりで、二年ばかりアメリカへ行く」という理屈を、養父は渋々納得したのである。

* 尾原宏之「明治時代の日本では九割近くが兵役を免れた——日本における徴兵制（2）」特集「国家の再定義——立憲制１３０年」収載、公益財団法人サントリー文化財団 アステイオン編集委員会編 ＣＣＣメディアハウス、東京、二〇一九年

「（徴兵を免れた）それで親父に談判した。徴兵に行った気で許してくれ、金はそんなにいらないから……。[4]」（括弧内引用者追記）

ともかく養父から猶予を引き出すことには成功したが、養父は喜んで留学を許したわけではなかった。猶予はくれたが、養父が留学を本気でバックアップしてくれるわけではなかった。

「その時代の歯科医というのは、余り尊敬すべき存在ではなかったから、少し威張れるような歯科医になりたいと思った。（笑）ところがアメリカにやってくれと言ってもね。余り金持ちじゃないのだよ、それに遠くに出すのは出したがらないということもある。」

この時代、青山胤通《たねみち》や森林太郎《もりりんたろう》[*1]（鴎外）などわずかな帝大出身の医学士がいたが、そのほかの洋方医は医学士ではない。門地や学歴を問われることなく医術開業試験を受けて合格すれば尊敬されもし、食いっぱぐれのない職に就くことができるというわけで、開業免状の洋方医が湧き出るように続々と誕生した。[*2] まだ、医師法も歯科医師法[*3]も出来る前の話だから、歯科医もまた少数ながらその試験及第の医師のひとつであった。ただ、歯科医の場合は、圧倒的多数が口中療治の鑑札営業の開業医で、そこに一握りの免状持ちの歯医者が生まれたのである。養父もまた鑑札営業の開業医であったが、その鑑札営業の中には香具師、大道芸と変わらぬような者もいた。その世間の目による評価を「余り尊敬すべき存在ではなかった」と言っているのである。

渡米ブーム

時代は十五年ばかり遡るが、福沢諭吉は時事新報（明治十七年）で若者に次のような檄を飛ばしている。

「……幸にして米國は日本を距てること甚だ遠からず、太平洋の渡航僅かに十餘日を費すのみ。日本全國幾多の蛟龍たる者[*4]、空しく小池の中に潜居して蟻螻[*5]の笑う所となることなく、自ら奮って風雲に投ずるの計を為すべきなり。[5]」

念のために記しておくが、ライト兄弟が人類初の有人動力機の飛行に成功するのは、この『時事新報』の記事からほぼ二十年後の一九〇三年のことであるから、航空機というものはまだこの世に

＊1　青山胤通は一八八二年東京大学医学部卒業後、ドイツに留学し、ベルリン大学でフィルヒョウに師事し帰国後、東京帝国大学医科大学内科学第一講座教授となり後に学長。森林太郎（筆名・森鷗外）は、一八八一年東京大学医学部を19歳で卒業し、ドイツでペッテンコーフェルに師事し、帰国後、陸軍軍医総監、陸軍省医務局長として権勢を振るった。明治期の有名な脚気論争で、高木兼寛《かねひろ》（鹿児島医学校卒、海軍軍医総監、後に慈恵医科大学創立）が疫学研究により栄養障害であることを証明し、脚気撲滅に成功した後も二人は終生、脚気を細菌感染症であるとの主張を変えなかった。

＊2　橋本鉱市「近代日本における専門職と資格試験制度」『教育社会学研究』第五十一集、一九九二年

＊3　医師法および歯科医師法は明治二十七年五月に公布される。

＊4　蛟龍《こうりゅう》たる者・竜の一種。転じて、時運にめぐり会えず、実力を発揮できないでいる英雄。

＊5　蟻螻《ぎろう》。一般には螻蟻《ろうぎ》と書いてケラとアリすなわち虫けらを意味する。

ない。鎖国を開いて三十年足らず、太平洋を渡る日本の商船もない時代に、若者をその気にさせようと「甚だ遠からず」「僅かに十餘日」などと無茶を言うものだと驚くが、それぱかりか「池の中に」隠れて虫けらに笑われるようなものになるな、「奮って風雲に」身を投じろと煽《あお》っているのである。

佐藤の家にもらわれた運雄には、自由になる術《すべ》は学問しかなかった。学問で身を立てようとすれば、自ら風雲に身を投ずるというヒロイックな気分になったとしても何等《なんら》不思議ではない。事実、明治三十年代の渡米留学は歯科医としては最初期の一人なのである。しかし、不思議に佐藤運雄の思い出話は、淡々としていてあまりヒロイックなところがない。おそらくそれしか選択肢がなかったからなのだろう。それだけに、訪れたアメリカ行きのチャンスは、思いがけない僥倖《ぎょうこう》だった。運雄は、運命の波に呑まれる寸前のところで、アメリカ行きの徳俵《とくだわら》に救われたのだった。

一八九七（明治三十）年の暮れから第一次日清戦争後恐慌が発生し、綿糸紡績業などの当時の日本の基幹産業に大打撃を与えた。海外への移民が急増したのは、このころからである。一九〇一（明治三十四）年に出版された片山潜《せん》の『渡米案内』は、発売一週間で二千部が売れて即再版となって、その後八年の間に十四版を重ねた。このベストセラーを追って、数多くの渡米奨励本が本屋に溢れた。明治三十五年と三十六年のわずか二年間に出版された渡米奨励本は、実に十七タイトルに及ぶ。(6) また「立志獨立進歩之友」をキャッチフレーズとした雑誌『成功』が創刊（一九〇二年）され、渡米関連記事を特集・連載し、売れに売れた。さらに渡米協会や力行会《りっこうかい》*といった渡米を斡旋する団体も設立された。この日清戦争と日露戦争の間の十年は、空前の渡米ブームに沸いたのである。

おそらく佐藤運雄が、振り返って「徴兵に行ったつもりで、二年ばかりアメリカへ行く」とまるで今の学生が言うような軽い調子で留学を語ったのは、諭吉が煽った風雲に身を投ずる心持ちに共感したからではなく、むしろ定められた道からしばし外れるという程度のものだったからだろう。こんなブームに乗ることは、運雄の本意ではなかったに違いない。運雄は計画を練って雌伏《しふく》して機会をうかがってきたのだが、そこに渡米ブームのほうが後から追いかけてきたのである。

日本郵船が日本初の太平洋航路であるシアトル航路を開いたのが一八九六年、その二年後に東洋汽船がサンフランシスコ航路を開いた。商業汽船が成り立つほどに、太平洋を渡る人の動きが急増したのである。この太平洋航路を利用したのは、ハワイと米国本土に向かう移民とともに留学を志す若者だった。

交通の便から考えると不思議な感じもするが、わが国の第二次大戦前の海外渡航熱は、この時期

＊　一八九七（明治三十）年に島貫兵太夫牧師によって設立された苦学生、移住希望者に便宜を与えた団体。現在は学校法人日本力行会となっている。

がピークでその後徐々に低下していく。(7) ハワイが米国に併合された翌年（一八九九年）に契約移民が禁止され、合衆国本土やハワイで排日運動が激しくなって非契約移民（自由移民）が増加、満州開拓移民を除くと一九〇六年をピークに海外渡航者は減少に転じる。そして合衆国への移民も、日米紳士協約（一九〇八年）で制限されるようになって急に萎《しぼ》むのである。

しかし、いかに渡米がブームだったと言っても、時代は明治であり日本は貧しいアジア辺境の後進国だったので、現代のように留学が安直にできたわけではない。

「僕は当時銀座教会という教会があって、その教会に属していた。そこに青山学院[*1]の顧問のようなことをしていた少し偉い牧師さんがいた。アメリカの人でそれが国に帰るというので連れて行ってやるということです。……その人の随員と言えば体裁はよいけれども、召使のような形だね。……それで向こうでどの大学に入ろうかと思って、学則をあちらこちらの大学から取った。一番よさそうな学位を持った人が多勢いる所に行こうと思って、僕はシカゴのＣＣＤを選んだ。(8)」

スクールボーイたち

ＣＣＤとは、シカゴ歯科大学（Chicago College of Dental Surgery）[*2]のこと、この頃はレイクフォレスト大学（Lake Forest University、現 Lake Forest College）と提携して、その歯学部だった。「ＣＣＤを選んだ」と話しているが、自分で勝手に決めているだけで、渡米に際して、入学できる可能性はおろか受験できる保証さえなかった。しかし、アメリカに渡航してしまえば、何とかなる、そういう乱暴な渡米である。インターネットと航空網で世界が極端に小さくなった百二十年後の現代でも、相手の意向も聞かずに留学先を自分勝手に決めて渡航する若者は、滅多にいないだろう。運雄の渡米留学は、極めて破天荒なものであった。

明治三十三年三月、運雄は、就航間もない太平洋航路・東洋汽船の日本丸（六三〇七トン）に乗船したものと思われるが、この船は帆船のように船首が斜めに切れ上がり、橙色に塗装された三本の檣楼《しょうろう》（物見台）と二本の高い煙突をもった貴婦人のような真っ白の船体の貨客船で、いやがうえ

＊1　青山学院は、米国のメソジスト監督教会が日本に派遣した宣教師によって創設された一八七四年開校の麻布「女子小学校」一八七八年開校の築地「耕教学舎」そして一八七九年開校の横浜「美會神学校」を統合して東京英和学校となり青山の開拓使試験場跡に移転、一八九四年に青山学院と改称し、神学部を設置した。運雄が「随員」として米国に渡航したのは、その6年後のこと。

＊2　Chicago College of Dental Surgery（設立当初は、The Chicago Dental Infrmary）は一八八三年に Truman W Brophy によって設立されたが、一八八九年に Lake Forest University と提携し、その Dental Department となった（同時にラッシュ・メディカル・カレッジがレイクフォレスト大学の医学部となった）。一九〇五年、バルパライソ大学と提携し、同大学歯学部となった。佐藤運雄の留学先は、レイクフォレスト大学歯学部が正しいが、運雄は履歴書で卒業大学について、しばしばシカゴ歯科大学という略称を用いているので、本書ではシカゴ歯科大学と表記する。当時の歯学部長は TW Brophy で、CN Jhonson、矯正の CS Case など、佐藤の留学より前には GV Black も講師をしていた。

にも海外渡航の夢を誘った。真っ白の貨客船はハワイを目指す移民であふれていた。

後に運雄は第二次大戦後の大学人を相手にした座談で、こんなことを言っている。

「その時分の船の中でね、検疫がやかましいから、ハワイあたりで労働者を皆検疫するのです。*1僕は通訳を頼まれた、完全だったかどうか知らないけれども……」(9)

この座談の相手は、戦後間もない時代の学者らだが、戦前戦中に学生時代を過ごした戦後の学者は、長く英語が敵性語とされていたために、まともに学ぶ機会がなかった。そこへいくと明治の留学生は違った。はるかに英語ができたのである。

偶然にもこの年の九月には夏目金之助（漱石）が文部省の命を受けてロンドンに旅立っている。さらに十二月には、野口英世もまた横浜－サンフランシスコの太平洋航路で米国に渡っている。この天才肌の細菌学者は、留学資金を馬鹿騒ぎに費消するようなことを繰り返しながらも渡米し、ペンシルベニア大学医学部を経てロックフェラー医学研究所で黄熱病や梅毒の研究で微生物学に大きな足跡を残すことになる。

さて、米国の土を踏んだ運雄は、カリフォルニア州オークランドの日本青年館に寄宿、スクールボーイの通訳をしてシカゴに向かう準備をした。当時の私費留学生は、サンフランシスコ、シアトル、ポートランドなどで家事手伝いをしながら英語を学び学校へ通うものが多かったが、それを

「スクールボーイ」と呼んだ。[11] 彼らは白人家庭に住み込み、小額の小遣いを受け取るかわりに、料理や掃除、洗濯など家事を手伝い、昼間の空いた時間に通学した。[*2] 日本には、まだ中学校が各県に一校しかなかった時代である。国内で中等教育を受けることは、もちろん成績がよくなければその機会を得ることさえできなかったが、そもそも中等教育は裕福な家の子だけに与えられた特権だった。これに引き換え、この当時の米国では、公立の小中学校の授業料は無償だったので、渡米に成功しさえすれば教育を受け、英語と先進国の文化を吸収することができたのである。

私費留学生の渡米は、一八九〇年代は年間二百人余りだったが、運雄が渡米した頃は千人余り、その数年後には三千人に届くほどに増え、一八八一（明治十四）年から一九〇七（明治四十）年までに渡米した留学生は一万二千人に上った。[7]

「僕が行ったのは三月ですよ。オークランドの日本青年会に寄宿した。その頃アメリカではス

＊1　ハワイは、この頃、ペストの流行に悩まされており、そのためにアジア人に対する差別感情がひどくなっていた。佐藤運雄が渡米した年の一九〇〇年一月には感染対策としてチャイナタウンの一区画を焼却した際、チャイナタウンと日本人町を全焼する大火が起きている。[10] アジア人を全裸にして消毒するなど、人種差別的な衛生法が実施されており、その際の通訳を頼まれたことを語っている。

＊2　サンフランシスコの組合派教会の婦人役員が一八七〇年頃に始めたもので、同教会信者の間で広まり、日本人学生間で知られるようになった。[11]

クールボーイというのがはやった。尾崎行雄とか菅原傳《でん》とか偉くなった人は皆スクールボーイをやったんだ。それは家庭に行って皿洗いだ（笑）けれどもね皿洗いの日本人が泊まっておると、頼みにくるのだ。それを通訳してやるのだ。通訳してやる代わりに宿泊させてくれるという条件でね。[12]」

運雄は、後ろ盾もなく異国で慣れない家事仕事をしながら学ぶスクールボーイと呼ばれた苦学生に少なからず共感するものがあったのであろう。通訳してやりながら、近しくなった者もいたに違いない。しかし、多くのスクールボーイは、語学の壁もあって学問と労働の両立は難しく、その志を成就することなく農業や鉱山などの季節労働者に転身し移民労働者になったという。[11]スクールボーイで故郷に錦を飾ったものは数えるほどで、名を成したのはこのブームの火付け役であり社会主義運動の最初期のリーダーとなった片山潜くらいである。苦学生は、滅多に偉くなってはいない。ここで、運雄が「偉くなった人」としている尾崎行雄は、日本の議会政治の黎明期から史上最も長く衆議院議員を務め、憲政の神様と呼ばれながら孤立の道を歩んだ政治家だが、スクールボーイとして苦学したという記録はどこにもない。もう一人の菅原傳は帰国して衆議院議員になる前にサンフランシスコで在米日本人の政治団体（愛国有志同盟会）の結成に関わり、亡命中の孫文とともに米国に圧迫されているハワイ王国在住の知人を支援するためにハワイに渡ったという経歴があるが、そもそも帝国大学を経て留学しているので、スクールボーイと呼ばれるような苦学生ではなかった。

苦学した留学生が、出世した後に孤高の偉い人物になるというストーリーは佐藤運雄にとって好ましいものであったが、その例は極めて稀だった。

養父の期待を担ってではなく、むしろ養父の諦めによって留学を許された運雄は、スクールボーイとともにオークランドで数ヵ月を過ごした。しかし、言葉のできた運雄は重宝がられたのであろう。旅費を蓄えると、シカゴへと旅立った。

ブロフィーとの出会い

この当時のシカゴは、ダウンタウンの中心部に高架鉄道が敷設され、街のあちこちで巨大な石造りのビルが建設され、街中が喧噪と活気に溢れていた。シカゴ大火（一八七一年）のとき三十万人だった人口は、わずか十九年後の一八九〇年の国勢調査では三倍の百十万人、運雄がシカゴ歯科大学に入った一九〇〇年ころにはシカゴの人口は百七十万人に達していた。アメリカの大都市でも、これほど短期間に発展した都市は珍しかった。

「……国に早く金を送ってくれというても、親父は送って来ない、けれどもね、シカゴには僕が兄弟のようにしている若い男がいた。……歯科医じゃない。岩見重太郎というのだ（笑）。そういうタイプの男でね、初め竹細工を担いで売って歩いて金を拵《こしら》えて自分の店を持った。僕の所に来ていろという。それから（父親からの仕送りがないので）仕様がないから兎に角そこに行つてね。そ

こで飯を食わせて貰った。」[12]（括弧内引用者の追記）

言うまでもなく岩見重太郎は仮名で、座談相手の関根永滋《ながしげ》[*1]や栖原《すはら》六郎[*2]をからかっているのである。岩見重太郎という名の豪傑が諸国を漫遊しながら各地で狒々《ヒヒ》（伝説の妖怪）や大蛇を退治し、父の仇《かたき》を宮津の天橋立で討つという説話は、江戸後期から明治にかけて場末の劇場で好んで上演され、講談や豆本（ハンディな挿絵本）にもなって広く庶民に親しまれた。山椒太夫《さんしょうだゆう》（三庄太夫）や石川五右衛門の説話と同類のものである。八十歳になった佐藤運雄は、座談の出席者を目の前にして青年期を振り返り、自分は権威でも親族でも縁故でもなく、情が深く、義侠心に富み、信義に厚い豪傑に助けられたのだと語っているのである。

余程、その恩人を岩見重太郎になぞらえることが気に入ったのだろう。さらに晩年のインタビューでは岩見の名をあたかも実名のように使っている。

「ぼくの兄貴のようにしていた人が独身で職人を使って竹細工を作ったり売ったりしている人なんだ、その人が留守をするのに鍵を預かる人がいないので。始終一緒の部屋にいたんだ。岡山県出身の人でそりゃいい人だったよ。向こうでも重宝してくれてね、そりゃその人には世話になった。その他で世話になった人はシカゴの領事をしていた人。この人はクリスチャンでね。ぼくは日本にいる時銀座の教会で洗礼を受けたんだ、とても可愛がってくれたよ。……岩見重太郎という人は小遣いがなくなると佐藤持っていけよと蝦蟇口《がまぐち》を出してくれたりして[13]……。」

留学生活を支えてくれたのは、日本の養父ではなく、岩見重太郎だった。

「もう一人兄弟分がいたね。それはアメリカの大学の工学部を出て、ある電気の会社に入って、インスペクションルームで十年やったそういう人だから大変信用があった。それも三人共兄弟のように親しくしていた。だから小使い（ママ）なんかなくなると、少しくれと言って貰うのだ[12]（笑）。」

養父からの送金はない。しかし、むしろそのために養父の軛《くびき》から逃れることができた。

「シカゴにいて待っていても、国から金を送って来ない。もう入学シーズンが来たでしょう。それでブロフィーに会った。[13]」

「それでブロフィーに会った。」と簡単に言うが、トルーマン・ブロフィー（Truman William Brophy）はシカゴ歯科大学の創立者であり学長である。口唇口蓋裂閉鎖手術のブロフィー法（Brophy Operation）でその名を知られた口腔外科医でもあった。胸元にまで届くような豊かな顎《あご》髭《ひげ》を蓄えた厳めしい面構えのこの男は、実はこの後、佐藤にとって極めて大きな存在となるので、横道にそれるが少し詳しく紹介しておく。

ブロフィーは、シカゴ歯科医師会（the Chicago Dental Society）の会長、そして一八八三年の創

＊1　座談当時東京歯科大学教授のちに同大学学長
＊2　座談当時日本大学教授

立以来三十七年にわたってシカゴ歯科大学の学長を務め、同時に国際歯科連盟（ＦＤＩ）の設立を支援してＦＤＩ会長、全米歯科医師会（the National Association of Dental Faculties）の会長を歴任する米国歯科界の重鎮であるが、シカゴ歯科大学設立までの道程は平坦ではなかった。

ブロフィーは、シカゴの歯科医院で見習いをしながら夜学に通い、その親方歯科医が亡くなると、勤めていたワシントン通り三十番地のビル内歯科医院を譲り受けて開業した。しかし、好事魔多しという、開業間もなくシカゴ大火（一八七一）で焼け出されて診療所を失う。どん底に突き落とされたブロフィーは、改めて一から歯科を学ぶことを決意してペンシルベニア歯科大学（the Pennsylvania Dental College）に入った。学位取得後、ニューヨークの歯科・外科診療所で働き、このとき重症の口唇口蓋裂の患者に出会う。これが後にブロフィー法と呼ばれる口唇口蓋裂閉鎖手術を開発するきっかけとなる。シカゴに帰って五年後ラッシュ医科大学（Rush Medical College）に入学、一八七九年に卒業すると、その後四半世紀にわたってラッシュ医科大学で口腔外科を担当する。一八八一年にシカゴ歯学会（the Odontological Society of Chicago）の初代会長となり、ラッシュ医大に歯科部門を設立しようと試みる。しかし、これは受け容れられない。遡ること四十年前、ボルチモアの歯科専門開業医だったハイデン（Horace H Hayden）が、教鞭を執っていたメリーランド大学医学校に対して、歯科医術を学ぶ医師ハリス（the Chapin A Harris）とともに歯科学講座の開設を働きかけて拒絶され、翌年（一八四〇年）歯科医学校（the Baltimore Collrege of Dental

Surgery）を設立したことを、まるでなぞるかのようである。

ラッシュ医科大学に歯科部門設立を拒まれたブロフィーは、一八八二年に、基金を募ってニコルズ（Gordon W Nichols）、ガードナー（Frank H Gardner）、ハーラン（AW Harlan）、タルボット（Eugene Talbot）らとともにシカゴ歯科診療所（the Chicago Dental Infirmary）を設立する。この設立メンバーの一人に、ハーランがいたことを記憶にとどめておきたい。

そして、このメンバーは、「歯学は医学の一分野であり、歯科医師は医学教育を受けるべきだ」と考えていたため、医学の学位を取得していることを入学の必須条件とした[14]。市内の六つの医科大学の代表者が理事に名を連ね、教授陣も医科と歯科の両分野から選んだ。医者になってから、さらに特別のトレーニングを受けて歯科医になるというヨーロッパ式の口腔科医（stomatologist）教育の考え方を採用したのである。

しかし、理想は簡単に実現するわけではない。結局、初年度は十八人の入学志願者しか集まらず、一年目は一人の学位取得者も出せずに終わり、翌年、医学士を入学資格の条件にすることを諦め、新たな認可を得て、シカゴ歯科大学を設立し（一八八四年六月）、ブロフィーが学長となるのである。

ブロフィーは、歯科医師教育には医学の基礎知識が不可欠であると主張し、シカゴ歯科大学のカリキュラムと教授の陣容に、その考えを実現した。佐藤運雄が帰国後に徐々にその主張を強めることなるMedico-Dental Science（医学的歯科学）の信念は、ここに胚胎《はいたい》したと言っていいだろう。

シカゴ歯科大学は、運雄が留学した時代は、レイクフォレスト大学と提携（一八八九年）して、ラッシュ医科大学とともにレイクフォレスト大学の傘下にあった。特別の設立理念をもち、その財政的裏付けを得るためにブロフィーは総合大学の一学部になることを選んだ。そして、さらに一九〇五年にはバルパライソ大学（Valparaiso University）と提携して、その歯学部となり、その後ロヨラ大学（Loyola University）の傘下に入った。[15] 転変めまぐるしいが、* その間一貫してブロフィーは総合大学のなかのシカゴ歯科大学の学長職を務めた。

それにしても大学の離合集散がめまぐるしいのだが、全米の石油精製業を独占して一代にして巨万の富を築いたロックフェラー（John D Rockefeller）が莫大な資金を投入してシカゴ大学を設立したのがこの時代、一八九〇年である。この大学はその後の百三十年間に百名を超えるノーベル賞受賞者を輩出するのであるが、シカゴはこの時代、計り知れない財力によって大学経営が翻弄され、そして新しい学問が育まれる都市だった。

後に、運雄は東洋歯科医学専門学校を設立して日本大学に併合し、日本大学専門部歯科を創設することになるのだが、このときさっとブロフィーの面影を思い浮かべたに違いない。

随分あつかましい話

さて、そのシカゴ歯科大学入学前の時点に戻る。

「竹細工の店を持っておった人が近所にＣＣＤＳ（ママ）の卒業生が開業しておるポジストとかいった人に紹介してくれた。それがブロフィーの所に一緒に連れて行ってくれた。ブロフィーに金のないことは言えないから（笑）言わずに試験してくれた。これを読んで見ろという。顔面のことが書いてある。それを読んで、この骨がどこにあるかという調子でね。ブロフィーの所は済んだ。そうすると、紹介したプロジスト（前出・ポジスト）にとって責任があるものだから、少し僕を試験しようという気もあったでしょうが、電車を待っている間に『佐藤、この化学方程式はどうだ』とデパートのショウウインドウにパッと息をかけて、そこに化学のやさしい式を書く、それはこうだという、それならば大丈夫だという（笑）。そこでブロフィーが明日学校に来いという。入学が許可された。」[12]（括弧内は引用者追記）

この大学編入試験の様子を別のところでも、面白そうに語っている。ディテールは異なるが、彼

＊　金子らの紹介する[16]フレクスナー報告（一九一〇年、カーネギー財団）によると、「米国の医学校は、一八八〇年には90校であったものが一九〇〇年には１５１校に増加している。これは急増する人口（移民）にたいする医師不足を背景にしたもので、この医学校のほとんどがオーナー経営の職業教育施設であった。」フレクスナー（Abraham Flexner）は、１５５医学校の１７４施設を実地に点検し、実態を報告し、医学教育の改善を促したが、この時代の医学教育には、学問と職業教育の対立する流れがあった。

自身が求めて学長の自宅で簡単なテストを受けたことを窺《うかが》い知ることができる。

「ぼくは少しずうずうしいんだ、校長に会ってどんな試験をしてくれてもいいから最上級に入れてくれと掛け合ったんだ。ちょうどぼくの友人で校長ブロフィー先生を知っているのがいたからね、それじゃブロフィー先生の家に行って試験しようということになって、ブロフィー先生の家に行ったのだ。……向うの解剖の本を出してこれを読んでみよ、これはどこにあるか、どういう風になっているかを試験したんだ。そうかと思うとそこの卒業生で学校に関係の人が一緒に往来を歩いていて、向うも十月ともなれば寒いからだが、ウインドーのガラスが曇っているんだ。そこへ化学の方程式を書いてこれできるか？　というんだ。……それを解いてね、うんそれでいい、明日学校へ来いということでそれで行ったのだ。[17]」

シカゴのダウンタウンのデパートのウインドーの前で立ち止まった歯科医プロジストが指で化学式を書いて目で答えを促す、運雄が少し息を吹きかけて、その右辺に指で化学式を加える。「うんそれでいい、明日学校へ来い。」映画の一コマのような光景である。

当時のシカゴ歯科大学はフレッシュマン、ジュニア、シニアの三学年だったが、ブロフィーはこの若い日本人に基礎医学各科や補綴のジュニア修了資格があるかどうかを試した。* 一年間の学費は百五十五ドル、運雄のほうは日本の開業試験に合格している自分が三年分支払う必要はないと考えていた。

運雄は言う。

「できさえすればいいんだよ。……向こうで開業するのでなければ、どだいそんなやかましいことはいいやしないよ、唯ね、そりゃいやなことはいろいろあったよ、第一金がそんなにありゃしない。[17]」

繰り返すが、養父の期待を背負った留学ではない。「金はそんなにいらないから」と許しを乞うての渡米であるから、今更、金が足らないとも言えなかったのだろう。明治時代の留学生は内外の物価の違いが著しく、官費私費を問わずおしなべて金に窮したものだが、運雄の場合は、養父からの仕送りがそもそも満足なものではなかった。

当時のシカゴ歯科大学は、ブロフィーの願いが叶った立派なもので、ダウンタウンの商業地から離れた病院や大学が立ち並ぶウエストサイド地区に新設された六階建ての建物だった。二階に広い

＊ 鈴木祥井は『寺木だあ！』[18]の中で、佐藤運雄を例に当時のアメリカの歯科大学では、しかるべき国で教育を受けライセンスを受けた者について最終学年に編入できる仕組みだったとしている。ただし、寺木定芳がメリーランド大に留学していた時期はこの数年後のことである。また、『血脇守之助傳』は、明治二十九（一八九六）年に高山歯科医学院の修了生について米国歯科大学の三年に編入できるようになったとしている。佐藤が高山歯科医学院の修了生としての資格で、大学の三年に編入した可能性があるが、事実は不明である。

歯科病院と四百五十席の階段教室を備えていた。[*1] 下層外壁は花崗岩、三階以上は煉瓦造りで、ハリソン通りを挟んでラッシュ医科大学と隣り合わせだった。この場所には、百二十年後の今もラッシュ医科大学があり、イリノイ医科大学、クック郡病院、イリノイ病院などシカゴの医学エリアになっている。

「ところが扨《さ》て金だ。月謝（を払う金）も入学金（を払う金）もないのだから、ブロフィーに国から金を送ってくるまで待ってくれと言ったら、宜しい、という。ところが器械を買わなければならない。[*2] 器械屋を紹介してくれといった、随分あつかましい話だ[12]（笑）。」（括弧内は引用者追記）

「それで器械屋を紹介して貰って古いものを買ったのだ。学校で証明して貰って、国から金を送ってくるまで待ってくれ、というわけだ。だから入学金も月謝も器械も兎に角金がなくて（シカゴ歯科大学に）入った（笑）。」

ブロフィー学長には、三ヵ月すれば家から送金があるから、それまで入学金も月謝も待ってくれと頼んだのだという。それを許しくれるのだから、プロジストという歯科医の信用が余程大きかったのだろうか。

最終学年のシニアは、口腔外科学、治療学、クラウンブリッジ、[*3] 病理学、矯正学、細菌学などの講義に加えて、細菌学の実習、診療所での臨床実習、補綴実習などというカリキュラムだった。

「古道具ばかりなんだ。だから多勢並んでやっておるのに、その時代は足踏みエンジンだから大きいのでね、皆立派なやつを持っておるのだ。僕はちっぽけなやつなんだ（笑）。それで手術着でもきたないのを着ておるので馬鹿にするのだ、我慢してやっておったけれども、その中に二月、三月経ってバクテリオロジーの試験をやられた。ドイツ系統の人でカール・ベック（Carl Beck）[*4]という教授で有名な人です。そうしたらね、僕は九十八点取った。他の奴は九十点というのは少ないからね。そこでクラスで教授が発表してくれた。『それだから俺は日本人は好きだ』という（笑）。

＊1　Valparaiso University: Old School Catalog 1905-06, Chicago College of Dental Surgery. Old School Catalogs (1859-1924) University Archives & Special Collections

＊2　一九〇四年に、歯科学校は三年間で各年30週（週6日）とされ、シカゴ市内の三つの歯科学校の授業料およびその他の費用は年間約１５０ドル、四年制の高校卒業を入学条件にしていた。入学案内には、三年生の実習関連器材に歯科用エンジン（足踏み式）を含む１００ドル以上が必要とされていた。

＊3　カリキュラムには Richmond crown, Davis crown とある。いずれも歯根にポストを挿入するタイプの冠およびそれを支台とする冠架工義歯である。

＊4　Chicago College of Dental Surgery1905-1906 by Valparaiso University によれば Bacteriology の教授は HW Wightman, Ph. C., M. D., Department of Bacteriology とされ、Carl Beck は MD, Department of Surgical Pathology 外科病理学の医師とされている。Carl Beck は、ＣＣＤＳの教授を経て、長くイリノイ大学の外科病理学の教授を務めた。著書に "Principles of Surgical Pathology, for the Use of the Student"。M.d. Blair と Sidney J. によるベック一族の伝記 "The Doctors Beck of Chicago: Men of Integrity" がある。ここでバクテリオロジーとされているが、外科病理学の祖と言われるジョンズ・ホプキンズ大学の医学部長 William Henry Welch（1850-1934）も、外科病理学者としてよりも細菌学者として知られていた。

それから古道具をしょってる僕もいくらか人に冷眼視されないようになったのです。」

そもそも背の低いアジア人というだけで、周りからは軽く扱われる。言葉のハンディもある。使っている器械も小型のオンボロだ。まともな白衣もない。日本と言ってもどこにあるか知る者は少なく、アジア人というだけで侮蔑嘲笑の的だった。それが編入学後、わずか二、三ヵ月目の試験で好成績を取ったことをきっかけに差別的な眼差しが一変した。バクテリオロジーの試験と言っているが、基礎医学のバクテリオロジーではなく、おそらく臨床病理の細菌検査に関する試験である。手術の進歩（麻酔、防腐剤）とともに、術前に生検材料を使って病理診断をする外科病理学が生まれたが、運雄が名前を挙げているカール・ベックはその草創期の外科病理学の医師である。シカゴ歯科大学では、早くも二十世紀の最初の年に、臨床の道具として細菌学や病理学が位置づけられていたことに驚かされる。

佐藤運雄は、帰国翌年（明治三十七年）、「歯科医学」という名称を改め、応用医学の一分野として「口腔科学（Stomatology）」という学問カテゴリーを創設することを提案した。(19) 口腔科学は、口腔治療学、口腔外科学および口腔技術学の三分野からなるとしているが、興味深いことに歯科に特化した基礎医学すなわち歯科病理学、口腔細菌学、歯科薬物学は口腔治療学に含まれるとした。この口腔治療学に含まれる口腔細菌学のリアルなイメージは、外科病理学のベックが受け持ったバクテリオロジーにあったに違いない。

黄禍論の拡がるなかで

「ぼくは学生から尊敬されたよ。……むろん日本人として……。何かあって支那人の悪口なんかいってる時でも佐藤はそうではない佐藤はそうではない……なに人に負けるようなことはしないよ。[20]」

それなりに酷い人種差別を経験したのだろう。

「伊藤公爵がアメリカに来てね、博覧会に行ったのだよ、そうすると子供がね、チンチンチャイナマン、チンチンチャイナマン（手拍子をとりながら）といって後からついて歩くんだ。[20]」

元老伊藤博文は、エール大学から名誉博士号授与の申し出があったことをきっかけに、一九〇一年の九月に米欧歴訪の旅に出ているが、ニューヨーク、ワシントンを訪れる道すがらシカゴに立ち寄り、十月十一日に食肉解体・処理のユニオン・ストック・ヤードを視察したという記録が残っている。[21] 運雄が人づてに聞いた話をするときに「チンチンチャイナマン」と手拍子をとるとは考えられないので、おそらく実際に日本からの使節団一行を見る物見高い群衆の中の一人となり、その屈辱的な光景にショックを受けたのだろう。

因みに一九〇一年九月の初め、伊藤博文が渡米に踏み切った頃、米国ではロックフェラーとモルガン（John P Morgan）を後ろ盾に一九〇〇年の大統領選に勝利し、合衆国に金本位制を強引に導入しようとしたマッキンリー（William McKinley）大統領が暗殺された。副大統領のセオドア・

ルーズベルト（Theodore Roosevelt）が第26代大統領となって、今度は反トラスト法によりロックフェラーやモルガンの独占にブレーキをかけるという大きな変化を経験しながら、米国の力が急成長した時代である。世界の財力は欧州から米国へと移りつつあった。また欧米社会で黄禍論（Yellow Peril）*が本格的に拡がるのは日露戦争後のことであるが、すでに米国は一八八二年に中国人排斥法（Chinese Exclusion Act）によって中国人労働者の移民を禁じており、アジア人蔑視は確実に拡がりをみせはじめていた。

当時の日本人留学生がアジア人蔑視をどう受け止めていたか、やや神経症的な表現ではあるが、運雄と同じ年に倫敦《ロンドン》に留学した夏目金之助（漱石）の日記の有名な一節を引用しておきたい。倫敦ほどではないにせよ、シカゴでも冷たい視線はあったはずだ。

「日本にいるうちは、これほど黄色とは思っていなかったが、当地に来てみると自ら自分が黄色であることに愛想を尽かしています。その上に背が低く見られたものには、この上もなく非常に肩身が狭いものです。……顔の造作は仕方がないとしても背丈は大きくなりたいので、小児はなるべく椅子に腰掛けさせて座らせないほうがいいだろうと思います。もっとも長く当地にいる人は大抵きれいで、どこか垢抜けておりますが、背丈は十年経っても高くなることはないので閉口しています。道端で自分よりも背の低い西洋人を見かけたときは余程愉快です。しかし、たいていの女は自分よりも背が高いので、恐縮する以外にありません。(22)」

人種的劣等感をこれ程赤裸々に告白した文章も珍しいが、これは時代の空気を反映したものだった。この後、日露戦争によって、一段と黄色人種に対する反感が広がるのである。ただ、運雄は、至って楽観的だった。

「その時分に日本人は野口（英世）がいたろう、それから本当は野口より偉い人で畑井新喜司《しんきし》、という人もいたよ。それから高峰譲吉が初めてアドレナリンをこしらえたので、翌る日学校で佐藤、昨日の新聞を見たか、えらいなーと教えてくれたわけでね、むろん偉い人も多くいたよ。[20]」

同時代に、すでにアメリカには優秀な日本人がいて尊敬を得ていたという話だが、これは晩年の回想で、時間の前後に混乱がある。高峰譲吉は肥料会社（後の日産化学）を日本で設立、日本の麹《こうじ》をウイスキー醸造に利用するアイデアで米国の酒造会社に招かれて渡米、一波乱も二波乱も経験しながらデンプン分解酵素タカジアスターゼを発見し、シカゴで仕事をしていた。シカゴは当時すでにアメリカでも有数の食肉製品の産地で巨大な食肉処理施設があったが、廃棄される家畜の内臓を用いてアドレナリンの抽出研究をはじめ、一九〇〇年に結晶抽出に成功。世界で初めてホルモンを

＊　黄色人種脅威論：日清戦争後にドイツ、フランスおよびロシアで中国人と日本人に対するヘイトクライムが拡がった。とくにドイツ帝国の皇帝ヴィルヘルム2世が使った『gelbe Gefahr（黄禍）』というスローガンが象徴的に使われた。アメリカ合衆国では一八八二年の中国人排斥法、一九二四年の日本人排斥法として顕在化した。

抽出し、一躍世間の注目を集めた。ちょうど運雄が、バクテリオロジーの試験で高得点を取って、同僚学生の見る目が一変した時期である。後の二人、野口英世と畑井新喜司は、同時代の留学生だから、運雄がシカゴ歯科大学で学んでいた当時はまったく無名で、後に高い評価を受けるようになった学者である。

ここで、篤学の動物学者・畑井新喜司について「本当は野口より偉い人」と持ち上げているのは、世間の人が偉人と思い描く野口英世像には同意できないという同時代人としての胸の内を意図してのぞかせたものだろう。畑井はシカゴ大学で学び、後にペンシルベニア大学の教授となり、帰国して東北帝国大学教授となって「白鼠《ねずみ》に関する研究」で実験動物学に業績を残した。一方、野口については、福島の猪苗代の寒村に生を受け、幼くして火傷で手の自由を奪われた少年が、苦学して医師となって渡米留学し、アフリカの人々を疫病から救う世界の医学者となったという立身出世の物語があまりにも有名である。亡くなった翌年から伝記が刊行され、二百書を超える伝記が流布され、(23)昭和の時代の子どもであれば、一度ならず読んだか、話して聞かされた記憶のない者はいない。野口英世は、一九一五年に一時帰国、日本各地で歓迎、新聞は連日詳細にその動向を報じた。

野口英世は、運雄渡米と同じ年（一九〇〇年）の暮、北里研究所で通訳をして懇意になったサイモン・フレクスナー（Simon Flexner）を頼って渡米し、フレクスナーに頼み込んで私設助手となるのであるが、渡米は運雄よりも九ヵ月ほど遅く、運雄がシカゴ歯科大学で好成績を取って外科病理のベック教授から褒められた頃には、まだアメリカに到着していない。フレクスナーもペンシルベニア大学医学部の正規スタッフに着任したばかりだった。

そもそも佐藤運雄が、伊皿子坂の高山歯科医学院に通っていたとすれば、高山紀齋の右腕となって学校を支えていた若い血脇守之助の特別の寵愛《ちょうあい》を受けていた野口清作を知らないはずはない。血脇は、野口を学校の敷地の隅の自身が住む職員住宅に学僕として起居させ、医術開業後期試験のために済生学舎に通わせ、送別の宴で羽目を外して旅費を蕩尽《とうじん》してしまった野口の代わりに、渡航費三百円を高利貸しから借りて立て替えてやり、アメリカに送り出したのである。始終業の鐘を鳴らすだけの小男が医術開業試験に合格したとき、血脇は野口を教壇に立たせた。運雄が高山歯科医学院に通っていたとすれば二年生で、一夜にして教壇に立つことになった学僕に驚嘆した学生の一人だったことになる。運雄は、おそらく高山歯科医学院の院外生だったために、野口との面識はなかったのだろう。野口について語ったものもほとんど残っていない。運雄は、この章の冒頭で紹介したように「半年間独学して」医術開業歯科試験に合格した後、野口に遅れて済生学舎に通い、ひと足先に渡米した。

元老伊藤公爵の訪米時に戻って、ひとつ加えておきたいエピソードがある。伊藤公爵は、旅の前から体調が思わしくなかったとされるが、体調を崩して一時は帰国も検討するほどだった。しかし、無理をおしてワシントンに足を伸ばし大統領セオドア・ルーズベルトとの面会を果たした。満州をめぐるロシアとの緊張関係を緩和し、一方で債権の引き受け手を探すこの多忙な元首相伊藤公爵を、フィラデルフィア滞在中の宿舎に訪れ、面会を求めた若者がいた。前年にアメリカに来たばかりの野口英世である。[24] 野口は、偶然知り合った日本人留学生星一《はじめ》[*1]の伝手《つて》で元首相の宿舎を訪ねたのである。何か用向きがあっての面会ではなかった。野口という人物の大きさをペンシルベニア大学の関係者に印象づけるために画策したものらしい。[25] 立身のためには、どんなチャンスでも逃すまいとする野口の貪欲さをうかがわせるエピソードである。

「医者に馬鹿にされる歯科医にはなりたくない」

そうこうするうち一年は、瞬く間に過ぎた。

「結局はそれで向こうの卒業試験になった。その時分まではアメリカでも根管消毒は大概クレオソートです。蛋白《タンパク》凝固剤でしょう。この試験で大概の学生は参るのだね。僕は良い按梅《あんばい》に九十点とり、ブロフィーのは九十五点貰ったので試験成績は良い方だから軽蔑されないですんだけれどもね。そうして卒業したんだ。[12]」

外科手術の際の防腐剤として石炭酸（フェノール）[*2]が使われてからほどなくしてクレオソートが根管内の消毒に用いられるようになった。[26]

「これまでは大概カルボールとかクレオソート、それが僕の先生のAW Harlanという人が――これは治療学の大家ですね。その後もあまりああいう人はない位です――その人は常に非常にクレオソートを敵視したんです。[*3]〝クレオソートという奴はあれを電柱の根に突っ込んで腐らないようにするだけのもので、あんなものを根管治療に使うとはけしからん〟と。けれどもその為にNon-coagulantsとか非凝固性の薬（丁香油《ちょうこうゆ》とか擦皮油等）を根管治療に使うようになったんですからね。[27]」（佐藤）

「はア、その時から、根管治療は、やかましくいわれていたんですか。[27]」（聞き手）

これは一九五九年のインタビューだが、根管治療と言えば、わが国ではまだアルゼン（亜ヒ酸）失活やワッテ（綿栓）根充が一般的だった時代である。聞き手の河邊清治《かわべせいじ》[*4]にとって、六十年前の教育者ハーラン博士がクレオソートに批判的だったことは驚きだったのだろう。

＊1　星薬科大学創立者。ＳＦ作家星新一は長男。

＊2　リスター（Joseph Lister）によって一八六七年に報告された。

＊3　カルボール（フェノール）は、う窩および根管の消毒、歯髄炎の鎮痛鎮静剤として、現在も医療用医薬品である。クレオソートと同様のフェノール類。

＊4　河邊清治は総義歯の大家として知られるが、このインタビュー当時は東京歯科大学教授であった。後に日本補綴歯科学会長（一九六七～六八年）を経て、東京・銀座に河邊歯科医院を開業。

歯内療法（endodontics）*と呼ばれている学問は、中心感染説（focal infection theory）が一世を風靡した半世紀近くの間、米国ではほぼ仮死状態にあったので、歯内療法の歴史は、あたかもその冬眠から目覚めたとき（一九五〇年代）に始まったかのように理解されている。[26][28] 少なくとも戦後の日本においては、そうだった。しかし運雄が根管治療を学んだのは、その冬眠の前の豊穣《ほうじょう》の時代、すなわち金箔充塡のために考案されたラバーダム（SC Barnum, 1864）がすでに根管充塡に使われており、その充塡材として熱したガッタパーチャが試され（EL Clarke, 1865）、ラバーダムクランプを考案したボウマン（GA Bowman）は、すでにガッタパーチャを唯一の充塡材としていた、それが時を経て一般に普及していた、つまり一九五〇年代よりも進んでいた、そういう時代である。

クレオソートは、石炭や材木を乾留して得られるタールを蒸留したフェノール類の総称で、石炭から得られるものは材木の防腐処理などに使われるが、ブナの木から得られる木クレオソートは、化膿の治療や食肉の保存、更に下痢止めに用いられていた。ハーラン博士は、それを分かった上で、「あれを電柱の根に突っ込んで腐らないようにするだけのもので、あんなものを根管治療に使うとはけしからん」と言っているのだ。ハーランは、死んだ歯髄組織を分解するためにパパイン（パパイヤの実から抽出したタンパク分解酵素）の使用を提唱していた。[26] タンパク質変性による腐食性のクレオソートではなく、タンパク分解酵素を使うべきだと提言した点において優れていたが、この論争はバックリー（John Peter Buckley）がホルマリンとクレゾールから根管消毒剤ホルムクレゾール（ＦＣ製剤）を考案し、これが世に広まって忘れ去られることになる。ハーランは浩瀚《こうかん》な著作をもつ口腔治療学の大家で、歯髄処置にあたって厳密な無菌化を求め、口腔内という無菌化の困難な場所で外科処置をする歯科特有の問題に注目し、同時に滅菌消毒だけでなくタンパク質分解の必要性を強調したのである。帰国後、佐藤運雄が、口腔治療学の中に歯科薬物学を含めると提案したときに、頭の片隅にはハーランの影があったに違いない。

シカゴ歯科大学の三年次に編入した運雄は、わずか一年足らずの一九〇一（明治三十四）年四月に早々とＤＤＳ（Doctor of Dental Surgery）の学位を受けた。

シカゴ歯科大学の歴史によると、二十世紀最初の卒業式、すなわちそれは運雄が卒業した一九〇一年の卒業式だが、百六十五名の学位候補者、七十五名の教授陣という立派な陣容で、すでに千五百六十一名の卒業生がアメリカの内外で活躍するまでになっていたという。

その年の十月、ラッシュ医科大学の編入試験を受け、第三学年に編入を許された。時まさに二十

＊　Harry B Johnston（ジョージア州アトランタの歯科医）が、ギリシャ語の「endo」（in または inward）と「odous」（tooth）から Endodontics という用語をつくった。James L Gutmann は、HC Keane の史書（一九四四年）を引用して“pathodontia”（歯科病理学）という用語が使われていたと紹介している。

世紀の幕開けである。ラッシュ医科大学は、ハリソン通りを挟んでシカゴ歯科大学のビルの向かいにあった。運雄は、きっとその二つの石造りのビルディングを幾度も仰ぎ見たであろう。

ラッシュ医科大学は、ブロフィーが口腔外科の教授を長く務めたところだが、シカゴ歯科大学と同様に一八八七年にレイクフォレスト大学の傘下《さんか》に入ったが、わずか十一年でこの関係を解消して一八九八年にはシカゴ大学と提携した。

「ぼくはもともと歯科をやるのに医学を勉強したというのは、医者に負けているのがいやだから医学をやったんだよ。日本では医者ばかりがいばって歯医者はバカにされているんだもの、それで皆はすました顔をしているんだ。[29]」

別のところでも同じように話しているので、これは本心だろう。

「その当時日本の事情だけれども、歯科医は見すぼらしい存在だった、医者に馬鹿にされた。僕は医者に馬鹿にされる歯科医になりたくないので、医科に行った。シカゴ大学の学部になっておるメジイカルカレッジだがそれが入るのにやかましいのだ。ブロフィーが大変だというので紹介状をもって談判したのだ。すると首をかしげてね。だから入れて三月経って不適当と思ったら退学させてくれといったら、うまく入れて、そのままずっといて卒業した[12]」

「卒業試験の時に面白いことがあるのだ。僕が一番点数をよく取ったのは婦人科なんだからね、婦人科の教授がね、卒業のバンケットの時に、僕を引っ張り出して、ここに婦人科で一番良い論文を書いたのがいる、というて紹介してくれた。後で婦人科に残れと言われた(29)(笑)。」

その婦人科の臨床実地試験の逸話は、医者になる可能性のない医学生のものとは思えない。

「エレベーターですっと来てここまでかくして、すっと出す。顔を見ないで診断する。」

内診の様子は、患者の座る座面が昇降する内診椅子の上にカーテンが引かれて、患者と医師はカーテンで隔てられており、現在の婦人科外来と変わりない。

「僕にぶつけられた患者は肥っておるので、内診してもなかなか分からない。Uterus(子宮)をよく探しても分からない。おそろしく肥った婆さんでね。その中に尿道口から黄色いものが出た。これはGonorrhea(淋病)なんだ。今迄はGonorrheaとしてないのだ。顕微鏡検査をしようというのでやった、そうするとここにあるというわけだ。それで診断がついた。この患者は佐藤が診断をつけてくれたというて喜んでおった。ただやったのでは何も尿道口から出て来ないのだ。こちらの子宮側から一生懸命こねくり廻してやったら出た(29)(笑)。」

運雄は、一九〇三(明治三十六)年六月にMD(Doctor of Medicine)の学位を受け、シカゴ大学医学部ラッシュ医科大学を卒業した。

「それから帰る時にね、少し帰って研究室に入ろうと思って、シカゴ大学の総長に手紙を出した。

そうしたらヘルシップ*（ママ）をくれるという。一ヵ月五十ドルくれる、ところが何だかね、帰りたくなったのだね、それかシヤトル（ママ）の方に来て、どうしても国に帰らなければならない事情ができたといって、断った。まあ四年おれば沢山だ、いやになるよ。そうして親父は金を送らないし、早く帰って来いというしね(9)（笑）。」

＊　フェローシップの誤りと思われる。

第2章引用文献

（1）語る人・佐藤運雄、聞く人・小林辰之助「楽苦我記放談シリーズ　思い出ばなし　よもや万（一）」『楽苦我記』、小林歯科産業、一九六一年六月（以下、『楽苦我記』（一）、一九六一年）

（2）『佐藤運雄先生八十賀記念寫眞帖』、7頁、日本大学歯学部、一九五八年

（3）工藤逸郎ほか「日本大学歯学部創設者佐藤運雄先生の医術・歯科医術開業免状並びに関係書類について」『日本歯科医史学会々誌』25巻（1）、二〇〇三年五月

（4）佐藤運雄、栖原六郎、穂坂恒夫、関根永滋、山田平太「佐藤運雄先生　若き時代を語る」『日本歯科医師会雑誌』11巻（10）、568～575頁、一九五九年（以下、『日歯会誌』11巻（10）、X頁、一九五九年）

（5）福澤諭吉「米國は志士の棲處なり」『時事新報』（明治17年3月25日）『福澤諭吉全集第九巻』443～444頁、岩波書店、一九六〇年

（6）立川健治「明治後半期の渡米熱・アメリカの流行」『史林』69巻（3）、383～417頁、一九八六年

（7）石川友紀「統計よりみた日本出移民　第1報」『地理科学』11巻、一九六九年

（8）『日歯会誌』11巻（10）、570頁、一九五九年

（9）『日歯会誌』11巻（10）、572頁、一九五九年

（10）ジェイムズ・C・モア（大脇幸四志郎訳）「ホノルルペストの火　1900年チャイナタウン炎上事件」生活の医療、二〇二二年

（11）山本英政「初期日本人渡米史における学生家内労働者」『英学史研究』19号、141～156頁、一九八七年

（12）『日歯会誌』11巻（10）、571頁、一九五九年

（13）『楽苦我記』（一）、22頁、一九六一年

（14）Chicago College of Dental Surgery Yearbooks Dentos 1993, Chicago College of Dental Surgery 1883-1993. Loyola University Chicago Archives & Special Collections, Loyola University Chicago, 1993.

（15）1883-1983: A Century of Service Published by the Centennial Committee, LUSD History research: Historical Committee

（16）金子譲ほか「大正後期から昭和初期における歯科医学教育　第2編　世界で最初の歯科医学校設立と米国医学教育」『齒科學報』

116巻（2）、115～131頁、二〇一六年

(17)『楽苦我記』（一）、20頁、一九六一年

(18)鈴木祥井『寺木だあ！　明治・大正・昭和駆け抜けた歯科医』、（財）口腔保健協会、二〇〇九年

(19)佐藤運雄「所謂齒科醫學の名称及び分類について」『齒科學報』9巻（7）、1～7頁、一九〇四年

(20)『楽苦我記』（一）、21頁、一九六一年

(21)小川原正道「伊藤博文への博士号授与と日米外交」『法学研究』87巻（10）、二〇一四年

(22)夏目漱石『私の英国留学と文学論　『文学論』序論』、一九〇六年

(23)矢ヶ崎康ほか「松本歯科大学所蔵の野口英世の伝記」『松本歯学』13巻（1）、1～34頁、一九八七年　同（第6報）31巻（2）、167～182頁、二〇〇五年まで

(24)小桧山六郎「野口英世 医聖を育んだ人々」福島民友新聞社、二〇〇六年

(25)三沢美和「野口英世博士と星一先生」『薬史学雑誌』26巻（2）、一九九一年

(26)WP Cruse, R. Bellizzi: A historic review of endodontics, 1689-1963, part 2, J. Endodontics 6(4), 1980

(27)河邊清治「清治パトロール第11回佐藤運雄」『歯界展望』17巻（1）、69～76頁、一九六〇年（以下、『歯界展望』17巻（1）、一九六〇年）

(28)Anthony, L.P.and Grossman, L.T.: A brief history of root canal therapy in the United States. JADA 32:43-50, 1945.

(29)『楽苦我記』（一）、19頁、一九六一年

3章　日露戦争前夜の躍動

血脇の来訪

一九〇三（明治三十六）年八月に帰国したが、その直後に血脇守之助の来訪を受けた。

「僕が帰って来て三日目ですよ。覚えておるけれども、無名の士をわざわざ血脇先生が訪ねてくれた。僕の家は狭かったので、近所の家の二階を借りて、そこに籠城しておった。其処に来てくれた。『佐藤君、今度は自分の学校に来てくれないか』という。[1]」

こう語ったのは晩年だが、この語り口から佐藤運雄が血脇守之助をどれほど敬愛していたかがうかがわれる。運雄は、帰国直後に血脇が、直々に上野桜木町の狭い仮住まいを訪ねて来てくれたことに驚き、喜んだ。

「帰って来てその当時見たところでは、歯科の教育指導というか、文化面というかね、それは東京齒科醫學院、あれが中枢ですよ、他にはなかった。……東京齒科醫學院というのは、御承知の通り高山齒科醫學院のあとを高山紀齋先生から血脇先生が継承されて、東京齒科醫學院と言われた。ここの建物は極めて貧弱であったけれども、何と言っても文化面の中枢です。……他には学校らしい学校というものはなかった。[1]」教育だけでなく「文化面というかね」と表現するところに血脇に対する評価が表れている。

こうして血脇の要請に応えて、運雄は十一月から「學院」の講師となって矯正歯科学の講義を担当することになった。その十一月号の『歯科學報』には、翻訳として、恩師ブロフィーの口蓋破裂早期外科手術を紹介する論説を発表している。『歯科學報』は、院友と呼ばれる全国の卒業生に郵送するだけでなく「學院」関係者外にも購読者を増やし、情報の少ないこの時代には、貴重な定期刊行の専門誌になっていた。早期外科手術を紹介するこの記事は、関係者に新鮮な驚きをもって迎えられたであろうが、着任挨拶の意味合いとして、いかにも手回しがいい。おそらく血脇の演出だったのであろう。

血脇は、運雄にさらにもうひとつ重要な仕事を頼んでいる。今日の日本歯科医師会につながる同業者の集まりである大日本歯科医会の設立理事に立候補することを求めたのである。いったい帰国したばかりのかぞえ年25歳の青年歯科医に、血脇は何を期待したのだろうか。

さらに運雄は、もうひとつラブコールを受けていた。

「東大にはその年に歯科口腔科ができたわけです。あれは歯科口腔科と言わないで、単に歯科といった。それはね、その方に僕も関係があって、それは前から約束してあった。石原先生がドイツから帰りにアメリカに寄って、シカゴで僕に在学中に先生が来て、佐藤君、俺の方でやるから帰ったら来ないかというので、それは頭の中に入れておった。そこに血脇先生からそう言われたので、両方に僕は関係するようになった。(1)」

『齒科學報』には「医科大学に於いて更に口腔外科の研究に従事せらるる由」と消息記事(2)があるので、東京歯科医学院側は、この二股を「快く」受け容れたかたちになっている。二股と言っても、相手は帝国大学なのだから喧嘩にはならない。

岡惚れ

翌年の東京歯科医学院の『齒科學報』には、佐藤運雄を絶賛する匿名の七人の文章が寄せられている。(3)

「常識に豊富なる、品性の優雅なる、辞令の明達なる、容姿の秀麗なる、殆んど資格に欠くる処がなく、事を観るに緻密にして、之を行うに敢為《かんい》である。此の如く言えば激賞に過ぐるであろうと云う人もあろう、しかし事実は事実だから仕方がない。更に、も一ツ賞めればハイカラにして其悪臭なく、ドクトルにしてブラざる処甚だ高とすべしである。(鶴生)(3)」

「遙々《はるばる》米国に渡りＤＤＳの学位を獲て帰来、門戸をはっているものは大分出来たが、比較的成功した者は少ない。殊に学問上に於いて絶無である。併《しか》しその孰《いず》れもが或る意味に於けるハイカラで天狗で錺屋《かざりや》*1であることは判で押したように同じだ。然るに此中に独り異彩を放って居るのは新帰りの佐藤運雄君である。君は帰朝後、日も未だ浅いが、既に学問上に其鋒鋩《ほうぼう》*2を現して、将《まさ》に其方面の花形役者たらんとして居る。殊《こと》に頼もしいのは、君の言行が所謂ハイカラ流ではなく、挙止沈重一

言一句を苟《いや》しくもしない君子風を帯びて居ることである……（門外子）」[3]（句読点、ルビはすべて引用者）
あるいはふざけて「彼の美貌と嬌音とは、確に日頃の野心たる、さる大家の箱入を射落すに難からずだ。様子がよくって、学問が出来て、おとな敷くって（ママ）親切と来ては、持てるも無理はないて」と茶化しながら持ち上げる。

東京歯科医学院の学校関係者が、こぞって一人の帰朝青年について賛辞を贈る、そのような文章が『歯科學報』に掲載された。穿《うが》った見方をすれば、この新人をこれでもかと持ち上げたハンドルネームの七名の寄せ書きコラムは、『歯科學報』の責任者が意図をもって作らなければできない記事である。言うまでもなく、この当時は血脇が「論説、抄録、雑報、広告に至るまで私一人で孤軍奮闘し、編集を担当[4]」していた。帝国大学医科大学との綱引きのひとつであったと推測される。

しかし事実、佐藤運雄の風貌は人を惹きつけてやまないというところがあったらしい。

「佐藤さんはまことに温容で、その時から大人《たいじん》の風をなして、あのとおりにやにや笑うと、……目じりに無数のしわがよる。あのしわは何ともいえないやさしさで、人になつかしさを与えるしわ

＊1　かざりしょく（飾職）のこと、転じて着飾る人。
＊2　鋒鋩とは、刀の鋭い切っ先のこと。

で、佐藤さんが笑われるととろっとなる。私はその時分、どうも佐藤先生に岡惚れした。[5]」こう語るのは、寺木定芳《ていほう》である。寺木は、佐藤の四つ下、本人の語るところによれば「泉鏡花の奨《すす》めで渡米」し、日本人で最初にアングルスクールに学びアングルに心酔することのなかった男である。歯科医の間よりも文人の間で名を馳せた男であるが、その寺木が「岡惚れした」と言って憚《はばか》らないのである。

誰もが惚れ込むような青年が現れた。このかぞえ年二十五歳の青年の帰朝は、そのような意味である種の事件だった。

帰国する運雄を待ち構えるかのように引く手あまただったが、これは運雄がただ「品性優雅で、容姿秀麗」だったからというわけではない。一八九七（明治三十）年に医士法案が帝国議会に提出されてから、医師法・歯科医師法が発布される一九〇六（明治三十九）年までの日露戦争を前後する九年間は、医師・歯科医師の身分をどう定めるか、そしてその主導権をだれがとるか、その行方を決める大動乱期である。

その動乱期に、血脇は、東京歯科医学院の教員として、また大日本歯科医会の設立に、ドクトル佐藤を必要とし、東大の石原もまた若く優秀で米国のＤＤＳ（Doctor of Dental Surgery）とＭＤ（Doctor of Medicine）をもったドクトルを配下に置きたいと考えたに違いない。

医師－歯科医師二元論

この時代に歯科分野の論客として知られ、この動乱期を牽引したのは血脇守之助である。そして若い血脇を見出し、持ちつ持たれつの緊密な関係をつくっていくのが、帝大出身医師グループを後ろ盾にもつ『日本醫事週報』の主筆川上元治郎《もとじろう》だった。

時代はやや遡るが、血脇が最初に論壇に登場したのは一八九五（明治二十八）年、川上厳華（元治郎）の論説に対して少壮の血脇が反論したいわゆる医師－歯科医師一元論二元論の論争として知られるものである。*

不用意に「医師－歯科医師一元論二元論」という言葉を使ったが、「歯医者は医者か」ということの刺激的な議論は、「命」が大文字で書かれ、歴史が大声で語られる昭和の戦時下、国民医療法を制定する国家総動員の時代に、医歯の区別を廃して歯科医師に医師の資格を与えるべしという一元論（日歯医専、日大専歯、大阪歯医専ら歯科医学専門学校同窓連合会）と旧来の二元論（東歯医専同窓会）が激しくぶつかった時の議論がよく知られている。(6) ここで言う一元論二元論は、その戦時下の論争とは純度が違う。この明治二十八年の川上と血脇の議論こそは、医師法と歯科医師法の併

＊　川上元治郎主幹の『日本醫事週報』の29号2（1895）に厳華生名で掲載された「（雑報）歯科医の地位をして高尚鳴らしめん」に始まり、天籟生による31号4の「厳華学兄」、33号3の厳華生による「血脇天籟君に復す」（厳華生は川上元治郎、天籟生は血脇守之助）

立という法的な二元体制ができるプロセスにおける、「歯科医師はいかにあるべきか」という原初的な意味をもつ議論なのである。

川上は、「歯科医の地位をして高尚ならしめるには」歯科を医学中の一分科とし、一般医学履修後に歯科の技術を専修するという考え方を提案した。ただし、この記事は川上が主幹する『日本醫事週報』の雑報欄の短い意見記事に過ぎない。血脇の反論がなければ、誰の目にも止まらないような記事であり、その趣旨は、フランス式のストマトロジストの提案であった。[*1] たまたま修善寺に逗留中、これを目にした血脇は、直ちに筆を執って血脇天籟の署名で反論したと回想している。(8) 「まず米国の制に倣《なら》い一般医学の概略を授けた後、歯科を専修せしむるに如かず」と基礎医学プラス歯科技術教育という米国歯科大学方式が望ましいとする血脇の所論が同誌に掲載された。川上がフランス式を提案したのに対して、血脇は米国式が現実的だとしたのである。しかも、ここで血脇は、一般医術と歯科医術を対比的に論じた。血脇は、一般医術に類似している歯科医術として、「歯痛、歯齦病、顎骨病等の治療」を挙げるとともに、敢えて歯科技術の特徴として「義歯、充塡等の美術的細工をも」含んでいることを強調したのである。

このやりとりは、川上が自分の提案は「理想的見解であって、……目標として掲げた」と返して矛を収めるのだが、この川上の雑誌に掲載された血脇の反論を額面どおり川上－血脇の論争と受け取ってはならないだろう。この時代、新しい仕組みを創ろうとする者には、まず議論を興すことが求められた。時代の空気は、「広く会議を興し、万機公論に決すべし」[*2]であるが、歯科には論を興す者がなかった。血脇は医術開業歯科試験に合格したばかりのまだ開業免状さえもたない身分であったが、おそらく川上は歯科分野で論を立てる者を求めていたのであろう。この「論争」で結果的に川上は、血脇の米国式歯科医師教育論を世間に問うたのである。どこまで仕組まれたものかは分からないが、この「論争」は米国式の歯科医師教育をもって理想とする一人の少壮の論客の登場を印象づけるものになった。この後、折々に血脇の背後に川上の影が顔をのぞかせることになる。

ずっと後のことだが、佐藤運雄が血脇守之助を敬慕しつつも、血脇から離れていくとき、血脇の医師－歯科医師二元論という至って現実的な立論が、あたかも竹を割るようにその分かれ目を際立たせる役割を果たす。

しかし、医師－歯科医師一元論二元論の論争と言っても、当時の医師と歯科医師の身分の違いは

＊1　この論争を詳しく論じた中原泉は、[(7)] 川上元治郎の「医学を修了せる後、特に歯科の術を専修する」という提案について、夢想論であり、実は二元制度であるとし、これを一元制度と見なしたことが取りかえしようのない錯誤を生んだとしている。

＊2　木戸孝允《たかよし》の修正によって生まれたとされる五箇条のご誓文の第一条「広く会議を興し万機公論に決すべし」が、民選議会を開設すべき根拠とされ自由民権運動が高まる中、一八八〇（明治十三）年四月に植木枝盛《えもり》が起草し片岡健吉・河野広中らが提出した『国会を開設するの允可を上願する書』でも繰り返し述べられている。

歴然としており、教育機関も一方は帝国大学があるのに、歯科には学校と呼べそうなものは髙山の学校くらいしかないのだから、現実には一元論も二元論もない。ただ、医籍も医術開業試験規則も、すでにかたちだけは二元論の姿をとっており、その規則で「二箇年以上修学せし者に非ざれば、之を受くることを得ず」と謳われていたが、修学できる学校は髙山歯科医学院が設立されたばかりで、その実情からすればやっと二元論がおぼろげに姿を現しつつあったと言うべきであった。しかし、この血脇の二元論は、十年後の歯科医師法の制定を準備するものとなる。

一八九七（明治三十）年一月、血脇守之助を代表者とする三十五名は「官立齒科醫學校設立の請願」[*1]を衆貴両院に提出する。[(9)]帝国議会における請願とは、国民の要望を議員を仲介者として政府に伝える仕組みだが、この請願は明治三十一年六月に第十二回帝国議会貴族院で可決された。なお、この請願は、国会の連続解散で遅れたものの明治三十四年三月第十五回衆議院本会議でも可決された。この官立歯科医学校設立請願を援護射撃するかたちで、川上元治郎主幹の『日本醫事週報』は「東京齒科醫學院に国庫補助を与え歯科医の養成を奨励せよ」という短い記事を掲載している。[(10)]政府は歯科開業試験を定めながら、歯科医を養成する学校を設けないで、誰がどうやって受験するのだ、官立の歯科学校設立の請願に応えるか、そうでないなら私立学校に補助を与えよという趣旨の短い記事であるが、似たような記事を三度にわたって掲載している。最後には、東京歯科医学院の実名を挙げて国庫補助を与えよと書いた。これは、いくらなんでも無茶な理屈だが、政府に歯科医師養成に動くことを促したという点では筋は通っているのである。この請願可決を受けて、文部省は東京帝国大学の佐藤三吉《さんきち》教授に歯科学教室の開設を打診、佐藤教授は急遽留学生をドイツに派遣することを検討するのである。

さらに、血脇は日本歯科医会を代表して、医術開業歯科試験規則の改正を請願し、修正を得ている。それまでは医術開業歯科試験の出願に際して内外科医二名以上の保証人が求められていたのであるが、「歯科は医学の一科なりといえども、自ずから特別の知識を要する」とし、髙山歯科医学院のように教育機関が整いつつある事情を考慮して、修学履歴保証人を歯科開業医に限るとする建議書を内務大臣宛に提出（明治三十一年五月）したのである。[9] これにより、その年の秋の試験から、歯科開業医の推薦人なしには出願を受理しない仕組みに変わった。医師に対して従属的な歯科の試験規則を改めたのである。[*2] こうして血脇は、この国の制度に、医師－歯科医師二元論を制度化するための一つの礎石を置いた。

この翌月、血脇は川上元治郎の推挙で清国に渡り、天津、北京、上海と場所を変えて開業し、日

＊1　請願者は「東京市芝伊皿子町平民血脇守之助外三十五名」[9]。請願書提出紹介議員の貴族院議員森山茂は髙山紀齋夫人愛子の父親で、外交官を退官後、富山県知事など歴任した。

＊2　医術開業試験規則九條、日本歯科医師会編、歯科医事衛生史前巻、228～232頁、日本歯科医師会、東京、一九四〇.

清戦争直後の大陸に胸躍らせる人士との交流を深めることになる。にわかには信じがたい活躍だが、診療所の開設場所を物色し、北京・上海の実業界の人脈をつくり、患者獲得の宣伝を繰り広げ診療所を開きながら、川上に清国の医療事情を報告している。

言語の不明、容貌の醜

清国から帰国した血脇を待っていたのは、わずか一年の不在の間に講師陣が散り散りになってしまった髙山歯科医学院だった。結局、経営的に立ちゆかなくなった学校を、髙山の「もし血脇が校務の面倒をみないならば、不面目ながら廃校の外はない」と切羽詰まった求めに応じて血脇が引き受けることを決めたのは一八九九（明治三十二）年の暮れだが、蓋を開ければ借金漬けで、譲り受けた財産はランプ六個と机十三脚という有様だったという。さしあたり仮の校舎を探して川上元治郎の明治醫會の盟友で、髙山歯科医学院の講師を引き受けていた遠山椿吉《とおやまちんきち》*が主宰する東京顕微鏡院を借りて夜間のみの講義とし、明治三十三年二月にわずか十三人の学生で開校した。開校にあたって、校名を『東京齒科醫學院』に改め、北里柴三郎、石黒忠悳《ただのり》、入澤達吉、金杉英五郎ら当代の医学界、政界、財界からそうそうたる来賓二百余名を招いて開校記念式典を挙行した。

この開校記念式典の挨拶でも、血脇は一般医学の延長線上にはない歯科医学に関する自説を述べている。冒頭、歯科保健の重要性を論ずるにあたって、疾病に軸足を置いたのは「腸胃の病に罹る者は多くは歯牙の不健全から来る」の一項のみで、「言語の不明を来す者は多くは歯牙の欠損から来る」「容貌の醜を呈する者は一部分は歯牙の不正列から来る」と、言語の不明や容貌といった生活の不都合を主題に掲げて歯科保健医療の重要性を論じた。

校舎は仮住まい、生徒十三人の学校の開校式に、医学界政界財界から当代一流の来賓二百人を招いて、血脇は少なくみても二十分を超える長広舌をふるった。そこで述べたのは疾病医療の枠に収まらない、新しい歯科保健医療の考え方であった。生命第一主義の保健医療観とは明らかに一線を画するものであった。

開校すると、弱冠十八歳で医術開業歯科試験に合格したばかりの奥村鶴吉を助手に講義録を整え、学校経営を支えるために神田三崎町に血脇歯科治療所を開業し、その隣地を格安で譲り受けるという僥倖《ぎょうこう》に巡り会い、開校からわずか二年目の春には自前の校舎に百二十九名の新入生を迎えるという発展ぶりで、夏には最初の留学生を米国に送り出した。

米国から佐藤運雄という青年が帰国すると知って、早々にその自宅を訪ねたのは、まさにそのよ

＊　遠山椿吉は、東京帝国大学別課医学科を卒業した後に医学教育に携わり、改めて帝国大学医科大学に学んで東京顕微鏡検査所を創立して細菌検査と専門家の養成を行った。東京歯科医学院設立当初は、同検査所の教室を夜間借りて授業をした。東京歯科医学院の講師。

うな時であった。佐藤運雄を迎えた神田三崎町の校舎は、総建坪二百九坪の元旗本屋敷を校舎に改造した血脇にしてみれば立派なものであったが、運雄は「建物は極めて貧弱であったけれども……」と語っている。[1] シカゴ歯科大学の煉瓦づくりのビルディングと比較しての印象だろう。

この学校経営の拡大再出発の時期に、血脇は歯科医の全国組織結成に動き始める。言うまでもなく、歯科医師団体をひとつにすることが歯科医師の身分を確立するために焦眉の課題だった。そこで、明治三十五年の年初に日本歯科医会*に、超然として同業者との交わりをもたなかった高山紀齋を復帰させ、榎本積一、富安晋、藤島太麻夫ら各々独自のグループを擁し雑誌をもっていた重鎮らと連盟を結んだ。『血脇傳』は、これを「歯科界の四角連盟」と呼び、この党派を超えた連盟は、血脇を歯科の道に誘ったドクトル田原利《とおる》の計画したものだったとしている。[11] 田原は、川上、遠山と並んで、重要な局面で折に触れ血脇の後ろ盾として顔をのぞかせる。

こうして、東の主なリーダーを糾合した血脇は、この年（明治三十五年）十二月に会長高山紀齋の名前で全国の歯科医に、日本歯科医会への入会を呼びかけるのであるが、ちょうど時を同じくして全国の歯科医には別の勧誘状が届いていた。関西歯科医会が、翌年（明治三十六年）の四月一日に大阪に全国の歯科医を集めて日本歯科医師大会を開く、その出席勧誘状を送っていたのである。『血脇傳』は、「着々とその地歩を固めて来た関西歯科医会に対し、日本歯科医会への合流を求めるのはあまりにも虫のよすぎる話ではないか。」と、この時点で何もかも東京の血脇が中心となって進めようとすることの強引さを認めている。

関西歯科医会を率いていた西村輔三は、米国に渡って実地に商事を学び、その英語力を活かして、米国人歯科医パーキンス（H Mason Perkins）の通訳を務めて歯科医術を習得した進取の人で、その活躍は歯科の試験委員のみならず大阪市議会議員、大阪築港期成委員、ペスト予防委員として大阪の上水道敷設を進め、この年、従六位に叙せられたという人物である。一方、血脇は日本歯科医会の理事、東京歯科医学院の学院長とは言っても、いずれもなったばかりの三十三歳の若造である。

『血脇傳』は、「三月三十一日夜……（日本歯科医会の有力者を引き連れて）守之助は勇躍西下した」[12]と、それに続く丁々発止の血脇の活躍を活写しているが、混乱はあったもののこの強引さで、歯科医の大同団結の端緒が開かれた。こうして全国二十一団体の加入申請を受け、明治三十六年十一月、ついに日本歯科医会を解散し、大日本歯科医会を創立し、さらに学術団体としての日本歯科医学会の創設までやってのけた。この大日本歯科医会の設立理事に佐藤運雄を迎えたのである。

ほとんど血脇の力業であるが、帝国大学出身医師のロビー団体として結成された「明治醫會」が帝国議会に医師法案の上程を働きかけており、そこで放り出された歯科医師の身分法を独自で準備

＊　明治二十六年に伊澤道盛、小幡英之助、高山紀齋を発起人として設立された「歯科醫會」（明治二十九年に「日本歯科醫會」に改称）に始まる主に医術開業試験により免状を受けた者たちの組織だが、在京歯科医師の集まりである。

するために歯科医師団体を統合することが急がれたのだった。

運雄は、「無名の士をわざわざ血脇先生が訪ねてくれた」と回想するが、当時の血脇はほとんど一人で歯科医療界を背負って立つような奮闘ぶりだった。

歯科医師団体の統合

歯科医師団体の統合は、医師団体の後を追いかけているので、概略そのプロセスを振り返っておく。

明治十六年の医師免許規則、医術開業試験規則の制定をもって医師の資格制度は確立したが、試験にパスしさえすれば医師の開業免許を受けることができたので、一口に洋方医と言っても知識量・技倆はかなり怪しいものだった。同じ頃、各府県では、開業医組合の設置を促す通達により組合の設立が相次ぐ。この時点では、皇漢医（漢方医）が圧倒的多数で、組合も同様である。

試験ひとつで医師になれる途が開かれたので、学歴に恵まれない貧しい青年にとって、医術開業試験は立身出世の滅多にないチャンスになった。百姓・町人の出でも、勉強さえできれば、一発逆転が可能だったのである。[13][14] 受験予備校は、「大入り満員の芝居小屋のような混雑」で、正規の教育を受けた医師はこれを蔑《さげす》み批難した。[14] ここでいう受験予備校の代表格は野口英世や佐藤運雄の学んだ済生学舎である。因みに野口は済生学舎を学歴に記しているが、運雄は学歴に済生学舎はおろか、高山歯科医学院も記載していない。

試験開業医が世に出始めたばかりの明治十八年（乙酉《きのととり》の年）、医界の長老（長與専齋《ながよせんさい》など歴代の内務省衛生局長や開業医）が集まって乙酉会《いつゆうかい》という組織をつくった。この乙酉会が明治二十六年に『大日本醫會創立協議会』（設立発起人・高木兼寛、長谷川泰、長與専齋、後藤新平など歴代の内務省衛生局長、大学区医学校、東京医学校の校長ら八名）を立ち上げ、全国的な医師団体の組織化と医師の身分法（『醫士法』）の制定を目指す。いまで言えば歴代の厚労大臣と歴代の東大医学部長が医師団体を作ろうと呼びかけたようなものである。この医士法は、全国に法律に基づく医師会を設立し、そこに加盟することを医業の条件にする、いわば欧米型のプロフェッショナルオートノミーを提案するもので、この段階では急増する開業試験医師はもちろん、まだ多数派は皇漢医であったが、それもすべて医師会へ加盟を求めることを意図していた。法案を内務省中央衛生会に諮問するに際して後藤新平衛生局長は「医師の自治体を作る必要は弁を待た」ないと述べている。当然、試験開業の歯科医を医師と別に扱うという発想はどこにもなかった。

極端な議論を持ち出すと時代の景色が鮮明になるので、鷗外を引用しておきたい。鷗外に言わせると、この維新から四半世紀が過ぎた明治二十年代は、歴史の反動期で、要するに第二回日本医学会（全国組織をつくるための学術集会）は「反動祭」、医学会設立協議会は「反動機関」ということになる。因みに、歯科のグループは、この第二回日本医学会の直前に「齒科醫會」*（発起人は伊澤道盛、小幡英之助、髙山紀齋）を設立し、代表して伊澤信平が日本医学会の壇上に立った。この歯科医会は東京を中心とするものだったが、これを機に各地に歯科医会が設立され、歯科医会は明治二十九年十一月に、全国的組織を目指して『日本齒科醫會』と改称された。

なお、伊澤信平は、森鷗外と同時期に旧東京大学に在籍し、ハーバード大学医学部に留学、ベルリン大学でコッホ（HH Robert Koch）に師事した人で、この年から養父伊澤道盛に代わって試験委員になっていた。このため医学会に列する者として扱われたのである。残念ながら、伊澤の講演は「我が邦にて歯科医を賤むの弊あるによりて完全の歯科医を出し難きことを嘆せり」(15)と歯科の実情を嘆いたもので、この医学会が全国に医師会組織を拡げ、そこへの加入を医師の資格要件にすることと表裏一体の催しであったことを考えると、御身大切の後ろ向きのものだった。

各種医師団体から様々な医師法案が発表されるが、長谷川泰ら「東京醫會」起草の「醫士法案」（明治二十九年）に修正を加え、これを大日本医会（理事長・高木兼寛、理事・長谷川泰）が議会提出案とする。(16)再び極論だが、鷗外に言わせれば、医者は「真医、皇漢医、方便医、捷径《しょうけい》医、速成医」の五種類に分かれ、帝国大学を卒業した医師（真医）だけが日本の医学の将来を担うもので、医術開業試験の開業医は漢方医（皇漢医）にも劣るとし、これを方便医（文字通り「嘘も方便」の方便である）と呼んだ。(17) 要するに開業試験で医者になった有象無象を医者とは認めない、と言葉を極めて高木や長谷川を攻撃した。鷗外は、歯科医についてはコメントしていないが、医術開業試験の医者が真の医者ではないのだから、医術開業歯科試験による歯科医もまた医者ではないというのは、見やすい論理である。

この高木は海軍軍医総監を経て日露戦争で有名な脚気《かっけ》論争で世界の近代疫学史に残る画期的な成果を挙げながらも森鷗外らドイツ医学の主流派からは排斥《はいせき》され、予備役となった後、開業試験の予備校だった成医講習所（東京慈恵会医科大学の源流）にかかわり試験合格医師たちの代弁者となった。長谷川泰は第一大学区医学校（後の旧東京大学医学部）の校長、衆議院議員、内務省衛生局長など重職を歴任する傍ら最大の予備校である済生学舎を明治九年の開校から明治三十六年の自主廃校まで主宰した。この間、入学者二万人以上、合格者はうち一万人弱、試験合格者の半数以上をこの済生学舎が輩出した。

この大日本医会の医士法案の議論は、新しい教育を受けた気位の高い医師グループの総反発にあ

＊『歯科醫會』は、一八九三（明治二十六）年に結成され、3年後に『日本歯科醫會』（会長伊澤信平、副会長榎本積一）に改称。一九〇三年末までの免許取得者の累計は七六六名である。学会は、一八八八（明治二十一）年に『歯科談話會』設立、一八九〇年に『歯科研究會』に改称されたが、さらに一九〇〇年、血脇が参画して団体名の改称を提案し、『歯科醫學會』となった。

い、帝国議会に提出後も修正を重ね、結局「醫師會」法案とともに明治三十二年二月に否決された。

ここで振り子は、反対側に振れる。寄り道が続くが、医科－歯科二元論の成立過程は、佐藤運雄の帰国後の思索とその後の血脇との別れの背景事情として、この上なく重大な意味をもつので、お許しいただきたい。

「歯科医は本法の規定に適用せず」

この時代になると皇漢医の発言力は衰え、洋方医の中にある対立が表面化する。試験開業の洋方医が急増し、正規の医学教育を受けた医師の側からの批判が強まるのである。川上元治郎、入澤達吉ら帝大派の「醫師會法案反對同盟會」は、これを母体として「明治醫會」というロビー団体を結成し、この年の八月には医師免許規則改正案のかたちで医師法の制定に動く。

この明治医会の医師法案は、医師の資格と身分に関する法案で、医学教育を受けた者を有資格者とし、開業試験によって資格を得る途を閉ざすものだった。このことから十分想像できるのだが、その修正草案（明治三十二年八月）の第一条には「歯科医は本法の規定に適用せず」と明記されるのである。これを知って、歯科医会の関係者は慌てるのであるが、畳みかけるように明治医会の機関誌『公衆醫事』（明治三十二年十月）は、落後生というハンドルネームで歯科医を嘲るような意見「歯科醫論[18]」を掲載する。その内容は、歯科医と医師では、修習すべき学科が違う、公衆に負う責任が違う、志願者の教育程度が違う、……歯科医の名称の中に「医」の一字があることをもって医師免許規則がこれを包含すると言うなら、獣医や鍼医も包含しないわけにいかない云々という侮辱的なもので、歯科医の楽観をことごとく打ち壊した。法的には、この時代は古く一八七四（明治七）年の太政官通達により発布された「医制」が医師の身分法で、ここには医師と歯科医師の区別はなかった。

さらに注目すべきことに、落後生は「もし眼科医産科医と比肩して自ら口内医たらんと欲せば諸子は宜しく先ず医師より入るべきなり」と医師－口内医一元論を展開している。

これに対して日本歯科医会の富安、榎本らは連名で翌月の『醫界時報』に「対齒科醫論[19]」と名付けた一万一千字を超える長文の反論、明治医会派批判を発表する。「落後生は歯科医をもって歯牙以外の部を治療すべきものにあらざるがごとく」言うが、「歯科医学即ち Dentistry は、欧米諸国において……実は口科学 Stomatology なる事は」ちょっと歯科学の書物を開けばわかるはず、と落後生の文章を逐条的に論破するものだった。余程の重大事と受け止めたのである。

翌三十三年二月、明治医会の川上元治郎は東京歯科医学院の開院式で講演し、「歯科医というものは普通の医師とは別なもの」「歯科医は、一己の専門科として優に社会に立ち得らるる」「一己独立の旗色を立つべきものであって、断じて此醫士法中に加えられなければならぬ」ものではない。醫士法の中に入らねばならぬというのは、「歯科医が普通医師に降参を示しつつあるもの」と、医師―歯科医師の職業身分二元論を語った。この開院式での川上の記念講演は、血脇が明治医会と歩調をともにすることを強く印象づける結果となった。

川上は、この年八月の『日本醫事週報』に「医師免許規則には歯科試験……の文字は毫《ごう》も見あたらず……歯科医というものは、公称ではなく『勝手につけたる名称』」とする記事を載せ、職業身分二元論に拍車をかけた。

しかし、医師法案における歯科医の扱いは、揺れていた。『関西聯合醫會』の法案（明治三十五年九月）は、第1条の医師の定義のなかに「歯科医師とは、其医業の範囲歯科医術に限る医師を謂う」と記し、歯科医師を医師に含めている。この関西聯合医会案を修正した帝国聯合医会は、医師法案（委員長・北里柴三郎）を公開（明治三十七年十一月）するが、その第17条で「歯科医には本法の規定を適用せず」とひっくり返る。

佐藤運雄が帰国した年（明治三十六年）の十一月、血脇は「日本齒科醫會」を解散して百十四名の歯科医師により「大日本齒科醫會」を創立。医師会同様に法律に基づく強制加入の組織を目指すこととした。このとき血脇が、会長に髙山紀齋を引っ張り出し、理事の一人に帰国間もない若い佐藤運雄を推したことは前述のとおりである。

一九〇四（明治三十七）年、まさに日露戦争前夜であるが、ロシア帝国はシベリア鉄道の工事をこの年末で完了する。日本から清国に還付された遼東半島の旅順・大連を租借し、着々と南に歩を進めていた。横須賀の海軍造船廠《しょう》ではこの夏から造船工は昼夜兼行、家族が造船所に弁当を運んだという。この九月、高山会長は日本橋の柳屋に伊澤信平、血脇守之助、中原市五郎、榎本積一ら、この時代の有力者をことごとく集めて歯科医師法の原案作成に着手したとされる。しかし、意見の異なる大御所を集めるのはたんなるセレモニーで、血脇は歯科界統一に着々と駒を進めていた。運雄は、当時の大日本歯科医会について次のように語っている。

「明治の時代は現在（一九五三年筆）と違って、社会の動きは躍動にみちみちていた。丁度日露戦争勃発前の時代を反映して、国内の世論も沸騰していたし、何か明日の希望を託する前夜祭といった若々しい風潮があった。私達が榎本先生の宅で歯科界の統一を議題に甲論乙駁をしていた折、かの有名な内務大臣官邸の焼打事件*が惹起し、半鐘が鳴り出した時、今後の運命を暗示される憶いにふけったことも懐かしい思い出の一つになっている。[20]」

＊　いわゆる日比谷焼打事件（一九〇五年九月五日）。日露戦争で多くの犠牲と戦費を費やしたにもかかわらずロシア側に賠償義務を課さない講和に抗議する世論が高まった。ポーツマス条約（日露講和）反対の国民集会が発展し、内務大臣官邸、国民新聞社などが襲撃され、死者十七名、負傷者五百名の暴動となった。

第3章引用文献

（1）佐藤運雄、栖原六郎、穂坂恒夫、関根永滋、山田平太「佐藤運雄先生　若き時代を語る」『日本歯科医師会雑誌』11巻（10）、569頁、一九五九年（以下、『日歯会誌』11巻（10）、Ⅹ頁、一九五九年）
（2）『齒科學報』8巻（9）、28頁、一九〇三年
（3）『齒科學報』9巻（5）、「合評　青年歯科医月旦」一九〇四（明治37）年
（4）『血脇守之助傳』、185頁
（5）寺木定芳ほか「座談会 佐藤先生を偲んで」『生誕百年記念誌』、99頁、日本大学歯学部佐藤会、一九八二年
（6）日本歯科医師会編『齒科醫事衛生史』後巻、45〜49頁、日本歯科医師会、東京、一九五八年
（7）中原泉「6医歯分水前時代（Ⅱ）」『現代医歯原論―歯科医師へのアプローチ』70〜84頁、書林、一九七九年
（8）日本歯科医師会編『齒科醫事衛生史』前巻、291頁、日本歯科医師会、東京、一九四〇年および『血脇守之助傳』、68頁
（9）金子譲ほか「大正後期から昭和初期における歯科医学教育 第4編 初めての官立歯科医学校設立における島峰徹と先立つ血脇守之助らの執拗な帝国議会請願」『齒科學報』117巻（6）、447〜472頁、二〇一七年
（10）『日本醫事週報』第315、316、320号、一九〇一年二月、三月
（11）『血脇守之助傳』、121頁
（12）『血脇守之助傳』、122〜124頁
（13）坂井建雄「我が国の医学教育・医師資格付与制度の歴史的変遷と医学校の発展過程」『医学教育』41巻（5）、337〜346頁、二〇一〇年
（14）橋本鉱市「近代日本における専門職と資格試験制度　医術開業試験を中心として」『教育社会学研究』第51集、一九九二年
（15）『中外醫事新報』第318号、明治二十六年六月二十日、56頁（片仮名をひらがなに改めている）
（16）猪飼周平「明治期日本における開業医集団の成立――専門医と一般医の身分分離構造を欠く日本的医師集団の源流」『大原社会問題研究所雑誌』511号、31〜57頁、二〇〇一年六月
（17）森鷗外（賀古鶴所）「日本医育論」『森鷗外全集』34巻、712〜713頁、岩波書店、一九七四年

(18) 落後生「歯科醫論」『公衆醫事』3巻(8)、一八九九年
(19) 富安ほか「対歯科醫論」『醫界時報』、284頁、一八九九年
(20) 佐藤運雄「私の思い出あれこれ」(五十周年を迎えて)『日本歯科医師会雑誌』6巻(2)、一九五三年

4章　医師法・歯科医師法の成立

さて、再び佐藤運雄がアメリカから帰国したところに戻る。

運雄は帰国前に石原久から声をかけられていた。石原が、文部省から「歯科学研究のため満三年間米国及び独国へ留学を命ず」との辞令を受け、任務を終えて帰国したのは一九〇三（明治三十六）年二月であるが、前年に新設された歯科学教室に帰国翌月に教室主任として着任、その秋には歯科外来を開設した。石原久は、歯科主任に就任することが決まっていたので、帰国の途上シカゴに足を伸ばして、運雄をスカウトしたのである。

この歯科学教室の開設の背景に、血脇を代表とする官立歯科医学校設立の国会請願があったことはすでに触れた。この請願の可決（明治三十一年第十二帝国議会貴族院可決）を受けて文部省は、東京帝国大学の佐藤三吉教授に歯科学教室の開設を打診、佐藤教授は教室員の一人、新潟の病院に転出が決まっていた石原久にドイツ留学の話を持ちかけたのである[1]が、ここで佐藤運雄の帰国に際して、運雄の袖を両側から引っ張り合った運命の二人、東京歯科医学院の血脇と東京帝国大学の石原が交差する。

しかし続く明治三十四年第十五回衆議院本会議で再び請願「歯科医養成に関する建議案」が可決（明治三十四年三月）されたにもかかわらず、政府の動きは鈍い。佐藤三吉教授は、半ば文部省に押しつけられるような格好で、翌三十五年歯科学教室の開設に着手するのであるが、歯科医養成は始まらず、教室がひとつ開設されたに留まる。このため衆議院では政府に「歯科医学専修（ママ）学校を設立するの考案ありや、若し専門学校を設立するとせば其時期如何」とのダメ押しにも似た質問書が提出されている。(2)

帰国早々、血脇の来訪を受けた運雄は、困ったことに、東京帝国大学附属病院歯科と東京歯科医学院の両方に深く関わることになった。その二つは、わが国の歯科医の身分が決まるこの動乱期のいわば両極のようなものである。東京歯科医学院の血脇守之助の米国式の歯科医師教育を理想とする奮闘ぶりをひとつの極とすれば、東京帝国大学の歯科はいわばその反対の極である。

しかしこの反対の極は、いかにも頼りなかった。再び運雄の言を引けば、「東大にはその年に歯科口腔科ができたわけです。あれは歯科口腔科と言わないで、単に歯科といった。」運雄は、頭から「口腔科」でなければならないと思っているので、わざと言い間違えるのだが、東京帝国大学医科大学の第二医院の外科佐藤三吉教授によって設置された教室名は、「歯科口腔科」でも「口腔科」でもなく、「歯科」であった。そもそも、血脇らの官立歯科学校の設立請願にきっかけがあるのだから、それは当然だった。

官立歯科学校の設立請願が政府を動かし、帝国大学に歯科学教室が誕生したが、佐藤三吉教授に歯科学教室について明確な展望があったという様子はない。皮肉な見方をすれば、文部省の要請に応えて歯科学教室を開設したものの、その目的は学問上の展望ではなく、病院に開設した歯科外来の診療収入にすり替わった可能性が高い。佐藤外科の二つ年上の先輩田代義徳（後の初代整形外科学講座教授）は、報酬に比較的無頓着だったお雇い外国人外科医スクリバ*（Julius Karl Scriba）の檄文（外科手術の報酬を取るべきとするもの）を紹介した記事で、次のような解説をしている。

「内科の方々は市内へ往診されても地方病院へ行っても相当の収入を得られるが外科の方はそれがない。……その時分には外科は独立できない。収入が殆どないから、外科医者になってもしょうがないというので医局に来るものが、とても少ない。……外科不振の原因はここにあるから、……兎に角それで日本の外科医者も手術料を取ろうということを強く主張したのであります。」加えて、「歯科医が手術料を高く取るのはアメリカから輸入したので、髙山紀（ママ）という人がアメリカに長年をって、東京へ帰ってから歯科医はこうしたものだということをアメリカ流を輸入したので、歯科医が手術料を高く取れるようになったということであります。(3)」

田代は、「内科は医者らしく流行するが、外科は二流に見られている」とも言う。

やや古い話になるが、明治の初期、医師の身分は、社会的に高いものではなかった。武家（久留島藩）出身の母をもつ北里柴三郎が、長じてなお軍人・政治家になる志望をもって医者を蔑み、武家（仙台藩）の長男に生まれた後藤新平が医学校の校長・病院長を経験しながらも官僚・政治家への途を進んだように、明治初期の医師という身分は、医が賤業であった時代のなごりを色濃く残していた。(4) わが国には、伝統的な方技観《ほうぎ》があって、医師は技術職であり賤技であるとする見方が根強かった。明治の半ばになっても、数において漢方医の優位は揺るがず、医者というものが今の世の中のように社会的身分として高く評価されるようになっていたわけではなかったのである。

金銭的評価だけから言えば、アメリカ帰りの歯科医は、外科医よりもはるかに潤っていた。しかし、そこに雇われた運雄のポジションは雇員《こいん》でも介補《かいほ》でもなく、傍観生即ち「名無しの権兵衛」だった。

「その時分には、病院ではアメリカから帰って来たような奴がいないでしょう。だからどこの病室でもみんな助手が患者を僕のところに寄越す。だから昼飯なんか碌に食っている暇がない。皆んな僕の所にくる。そうすると文部省から来ておる恐ろしく権力のある事務官が、佐藤君は自分の患者ばかりやっているという。それも石原先生の所に行って言うのだ。僕は石原さんの所に行くのは嫌いでね。その事務官は始終行っておる。そうするとそれを信用する。僕は患者が多くても、忙しいだけで一文にもなるわけでない。(5)」

文部省の役人には、歯科外来は明らかに診療収入を上げるセクションと位置づけられていたのである。

＊ 一八八〇年に外科担当のシュルツェ(Wilhelm Schultze, 1840-1924)の後任として招聘され一八八八年にいったん帰国したが、一八九九〜一九〇二年に帝国大学医科大学病院で教えた。一九〇五年没。

「歯科学と医学の合体の一助たらん」

運雄は水道橋の東京歯科医学院で教鞭を執り、他方本郷の医科大学の病院で診療にあたりながら、猛然と著作活動を始める。歯科は学問として貶《おとし》められている。一言で言えば、日々のその思いが彼を突き動かした。

「一番先に書いた本は歯科（ママ）充塡学だ。それは種本があったからだ。CAジョンソンが出版したものだ。その当時キャビテープレパレーションステップを作るというのを未だ日本では誰も知らなかった。それから例えばエキステンションプレベンションあんな字を僕が使ったのだ(6)。」

この『齒牙充塡學』は、ブラック*1の窩洞形成の原理を詳細に解説したことで知られ、この著作で“extension for prevention”に初めて「予防拡大」という訳語をあてたことを語っている。この本の充塡準備論の準備施術（preliminary preparation）では歯の清掃に十二ページ、ラバーダム防湿に二十ページを費やしており、明治三十八年という時代を考えるならば、驚きをもって迎えられたであろうことは想像に難くない。

「CAジョンソンのを殆《ほとん》ど全訳した。そうして僕の理想は、歯科は医学なりという思想だから、その充塡にばかり捉らわれたのでは満足でないので、ジョンソンの充塡学を書いて、その後に診断学をつけた。診断学は後で別になったけれども、初めはくっつけたのだ、だからおかしなものだね。(6)」鑲嵌術《ぞうがん》（インレー）の材料学を四百五十一ページで終えた後に、目次にない付録として、全身状態の診査から口腔の検査を五十ページにまとめている。咬合や咀嚼作用、呼気の悪臭、唾液などなど、歯や歯肉、口腔粘膜に留まらない佐藤独特の診断学の片鱗を見ることができる。充填学の部分はほぼ訳書だから、この付録こそが彼のオリジナルの著作ということになる。

「僕は三十六年八月に帰ってきたでしょう。その充填学は十二月三十一日に出版した。[*2] だからかなり馬力をかけた。(6)」

『歯牙充填學』の自序は次の文章で始まる。

「洋の東西を問わず歯科学は古来、一般医学よりまったく分かれて進化発達したるもののようである。これはその技術的要素があるためである。技術的要素には二つあって、それは義歯術と充填

＊1　ブラック（Greene Vardiman Black）は一八八三年にシカゴ歯科医学校の病理学教授、一八九一年にノースウエスタン歯科医学校の教授となり予防拡大原則に基づく窩洞分類を考案した。歯科用アマルガム、歯科用足踏み式ドリルなどの発明により「現代歯科医学の父」と呼ばれている。

＊2　佐藤運雄は、繰り返し『歯牙充填學』の出版を明治三十六年十二月と語っている（佐藤運雄先生八十賀記念写真帖17ページなど）。ただし、自序の日付けは明治三十八年三月、で、大学の多くの資料（創立50周年記念誌の原稿、生誕百年記念誌など）では『歯牙充填學』の刊行は、明治三十八年三月とされている。

術である。」[*1]……世の歯科医に聞くと充填術は、たんに一小技術であって、その外見あるいは維持にのみこだわり、疾病の処置あるいは予防に苦心するものは少ない。「歯科学はもう少し医化し、学問的にする必要があり、一般医学は歯化し技術化する途を与えるべきである。……この趣旨に基づいて近頃の欧米先輩の説に倣ってこの学問の一部を書いて、これにより歯科学と一般医学との合体の一助となるようにしたいので、識者は遠慮なく添削されたい。」[*2]佐藤運雄、弱冠二十五歳、このとき歯科学と一般医学との合体という壮大な目標を掲げた。今日なお、う蝕治療を病因論を踏まえたカリオロジーとしてではなく、充填修復学だと取り違えている歯科医は多いが、何と佐藤運雄は百二十年前にその問題を指摘しているのである。

この『齒牙充塡學』自序について、後に繰り返し振り返ることになる。大正九年の論説では「私が明治三十六年（ママ）に拙著『齒牙充塡學』の序文に『齒科學と醫學の合体』などと書きました時には、だれも之に就いて考えても呉れませんでした。(7)」と皆が無視を決め込んだと嘆いている。「だれも之に就いて」と書くときの「だれも」には、東京歯科医学院と東京帝大の当時の同僚が含まれると見なければなるまい。さらにこの提言が、変わらぬ信念を吐露したものであることに触れて「更に明治四十五年に私が『齒科診斷學』の序文に『齒牙を全身の一器官』として観察するの必要にして合理的なるを述べましたが、尚これに対して兎角の批判を聞く事は出来ませんでした。世人は歯科医師法を憲法と心得て満足していたのでありましょう。大正七年十一月に歯科時報誌上に私が『歯科醫學は醫學の純然たる分科なり』と申しましたら、私はすっかり逆賊扱いにされました。精神病者にされました。安禄山[*3]にされて了いました。」(7)

私たちは、まだ佐藤運雄の『齒牙充塡學』の自序を目にしたところだが、この歯科学と医学の合体に対する世人の受け止めはこの後、十五年の間に、無視から「逆賊扱い」へと変わる。彼は「歯科医学は医学の純然たる分科なり」と宣言して精神病者の扱いを受けるのである。

「歯科医学」に代えて「口腔科学」

「世人は歯科医師法を憲法と心得て満足していた」とあるが、歯科医師法すなわち法的な医師－歯科医師二元論の確立によって、歯科医の身分が飛躍的に高まったことは疑いない。

血脇が、全国の歯科医会の統一のために大日本歯科医会を創立し、会長に高山、理事に佐藤運雄を据えたことは既に触れたが、これに伴って明治三十六年に学会も大日本歯科医学会に改組す

＊1　原文は「洋ノ東西ヲ問ハズ歯科學ハ古來一般醫學ヨリ全然分立シテ進化發達シタルモノト如シ之レ他ナシ其技術的要素ヲ含蓄スルニ因ル…以下略」

＊2　原文は「故ニ之レヲ現時ノ狀態ヨリ考フルニ歯科學ハ尚少シク醫化シ學理化スルノ要アリ、…以下略」

＊3　安禄山は唐代に安史の乱を起こし大燕皇帝に即位した武人。明治時代には、島津久光が西郷隆盛の不忠をもって安禄山に喩えたことで知られる。

る。翌年、学会誌が創刊されるが、佐藤運雄はその創刊号に「歯槽膿漏の主因」、富安晋が発行する『齒學研鑽』5巻1号に「齒科口腔科に於ける発熱の診断的価値」を投稿し、歯科学報には翻訳「鼻中隔彎曲の齒科矯正學的研究」[8]、続いて「歯科医学」の名称をやめて「口腔科学」を採用しようという趣旨の所論「所謂《いわゆる》齒科醫學の名称及分類に就いて」[9]（以下「歯科医学の名称」）を発表する。

この「歯科医学の名称」は、奥村鶴吉と佐藤運雄の対立を象徴する論争として紹介されることが多い。奥村の二元論と佐藤の一元論の対立図式として描きやすいためだろう。しかし、二元論と一元論の対立という見方は後世の論評にすぎない。これはあくまでも歯科学報という血脇の掌《たなごころ》の上の論争である。しかも、実際には奥村の現実論に対して佐藤が将来的にあるべき姿を論じたもので、二元論と一元論というほど単純な対立ではない。議論の始まりは遠山椿吉が、教育および制度の必要から他科と分かれているが、歯科は医科の一分科であることを述べた「医術の本義」[10]である。その翌月号に奥村鶴吉は、「医科の一分科」でありながらなぜ別になっているか、将来は「歯科は歯科としてひとつの専門をなすのが適当」と解説し、歯科医学の分科を列挙した[11]。その翌月に掲載されたのが、佐藤の「歯科医学の名称」[9]で、その翌月に奥村がこれに反論、さらに翌月に佐藤が再反論[12]と、歯科学報は五ヵ月にわたって歯科医学はいかにあるべきかという議論を掲載し続けた。

佐藤は、「『歯科醫學ハ醫學ノ一分科デアル』を繰返し繰返し口にするのみが能ではない」と、敢《あ》えてみずからの主張を律する。「醫學ノ一分科」と言えるレベルの教育にしたい。そのため「歯科医学の名称」は、「歯科医学」に代えて、応用医学の一分野である「口腔科学（Stomatology）」という学問カテゴリーにするのがいいと提案する。冒頭、奥村の「歯科医学」と自分の言う「口腔科学」を対比して、「前者は当世向きで今の歯科医界には最も向きがいい。自分のは後世向きで今これを実施しようとすることは困難であるがこれとは別にして正当な意義について述べる」として、自説を「後世向き」すなわち将来像として展開している。

そのために、まず学問のカテゴリーを言う。佐藤運雄の、「口腔科学」の提案は、まったく新しい学問カテゴリーであった。口腔科学は、口腔治療学、口腔外科学および口腔技術学の三分野からなり、興味深いことに歯科に特化した基礎医学すなわち歯科病理学、口腔細菌学、歯科薬物学は口腔治療学に含まれる。基礎医学の履修を前提にして、口腔治療学、口腔外科学および口腔技術学の三分野からなる学問として口腔科学を提案したのである。病理総論を学ばず歯科病理でよしとし、薬理学を学ばず歯科薬理をもって歯科の基礎とする小手先だけの基礎医学を許したくないのである。無論、佐藤も、今すぐにそのようなカリキュラムにすべきだとは言わない。これは将来の歯科医師教育の長期的展望だと断ったうえでの立論であった。

口腔科学の重要な一分野が、口腔治療学（Therapeutic Stomatology）で、それは「薬効的ニ口腔ノ疾患ヲ治療スル方法ヲ研究スル」すなわち薬で治療する学問である。思い出していただきたい。この口腔治療学に口腔細菌学が含まれるイメージは、シカゴ歯科大学の外科病理学教授カール・

ベックが受け持ったバクテリオロジーに見ることができる。また同じくシカゴ歯科大学の設立メンバーのハーラン教授は、口腔治療学の中で細菌学と薬物学を教えていた。私たちは、そもそもブロフィーが、ラッシュ医科大学に歯科部門を設立しようと試みて受け容れられず、シカゴ歯科診療所の設立にあたって、当初、入学資格に医師の資格を求めていたことを思い起こすのである。

佐藤は、歯科医学と医学が別種の研究を必要としていると主張する論者に対して「米国には独立した歯学部が五十余りあり、医科大学とは分離してますます進歩発展しているということに目が眩《くら》んでいる人が少なからずいる。」と米国かぶれを批判する。米国の歯学部の数の隆盛に騙されるな、その内実を見ろというのである。

これに対して奥村は次の号で、「歯科一分科として価値がないのか。一分科として正に独立の価値がある」と論ずるが、佐藤はその次の号で、「一分科として大いに価値がある。しかし科学的立脚地から観察すれば無意味である。」「業種の独立と科学の独立とは同一ではなく、歯科学は医学の一分野である。歯科医学が歯科医師を支配すべきもので、歯科医師が歯科医学を左右することはできない。業種では学問を左右できない。」と、職業の二元論を踏まえながら、これと学問を分けることを主張するのである。

佐藤は、この議論を「なるべく早く所謂歯科医学が口腔科学という名称に変わり、これを進歩改善させて医学と今の所謂歯科医学との完全な合同を見たい……」と結ぶ。

このとき佐藤は歯科医術開業免状を受けて五年目、奥村は四年目、わが国の登録歯科医師総数は八百二十九名だった。わが国に歯科医学の教育が誕生したばかりのこの時代に、歯科学報は五ヵ月にわたって「歯科医学の原理論争」とも言うべき二人の論考を掲載したのである。[13] 主幹血脇守之助の影を感じないではいられない。

佐藤は、血脇から奥村とともに大日本歯科医学会の訳語調査会を任されていた。訳語調査会は、佐藤と奥村に高橋直太郎、[*1]小川勝一を加えた四人だった。運雄は、小川勝一について、渡米前に「ハリスのデンティストプリンシプル」[*2]を長谷川門下の安藤二蔵[*3]から貰って読んだ、「けれども教わる先生がいない。術語をね。その時分に一番勉強していた小川勝一君の所に行って、これは何だろう、何だろうと話した。[5]」と語っている。

「本と言えば、（東京）歯科医学院で出していた〝新纂歯科講義録〟があっただけだ。他に何もな

＊1　高橋直太朗は、伊澤道盛門下で東京帝国大学歯科教室創設に尽力、後に東京市および府歯科医師会長。

＊2　ボルチモア歯科大学を創立したChapin A Harrisの書籍〝Principles and Practice of Dentistry〟が、P Blakston, Son & Co.という出版社から一八八九年に出版されている。千頁を超える書籍である。

＊3　安藤二蔵は運雄の義父佐藤重の養父で、長谷川の命で香港に渡り、イーストレーキの助手を務めた。

かった。血脇先生に『佐藤君これは駄目だ、君が後を書け』と言われた。[5]」

血脇は、運雄に歯科の教科書を書くことを託した。

「東大を出た者でなければ助手にしない。」

『齒牙充塡學』の自序を書き、「歯科医学の名称」を書いていたとき、佐藤運雄は同時に帝国大学の外科にできた歯科外来で診療に明け暮れていた。その帝大の歯科における佐藤運雄の立場はひどいものだった。

「歯科の医局に入った時に、高橋直太郎が雇でね。雇員というからね。それからもう一人伊藤忠三郎はそれより下の介補であった。そこに僕が入ったわけだ。」

「先生は何で入ったのですか。」の問いに「何もないのだ。名無しの権兵衛だ。名目なしに医局員として入った。それで一年位経ってから、僕を助手にしてやるから、と石原先生が言ってくれた。助手になることがなかなか厄介だった。[14]」と応えている。運雄の上には、介補という職位で伊藤忠三郎とともに高橋虎一という者もいた。

運雄は、「歯科医学の名称」に引き続いて、この年（明治三十七年）歯科学報に「亜砒酸使用に継発する不良徴候[15]」、そして「歯髄炎の病理に就いて[16]」と投稿を続けるのである。

「東大を出た者でなければ助手にしない。丁度日露戦争の傷病兵が帰って来た。戸山に陸軍予備病院ができた。それで帝大が頼まれてやることにした。僕が風来坊で一番適当だからやろうと思うけれども、肩書なしではやれないのだ（笑）。[14]」

日露戦争で多数の傷病兵が帰還し、陸軍本病院だけでは収容できず、戸山台に陸軍予備病院が開設されたが、そこで外傷の外科手術を帝国大学の田代義徳*助教授が引き受けることになった。珍しく陸軍省医務局からの申し入れは丁重なものだったらしく「帝大が頼まれてやることにした」と運雄は面白い表現をしている。実は田代助教授は、陸軍軍医監になる田代基徳《もとのり》の塾に学んで田代家の養子となり、基徳の長女を妻としているので、元々陸軍とは関わりが深い。その陸軍予備病院に口腔科が設置され（一九〇五年一月）、運雄は軍医の岡谷米次郎とともに、その口腔科を担当した。

東大病院では、後に田代の整形外科が口唇口蓋裂の手術を担当するようになることからも、当時口腔分野の外科は整形外科のテリトリーにあったと考えられるが、そこに降って沸いたのがおびただしい数の戦傷外科手術であった。

帝国陸軍二十四万とロシア帝国軍三十六万が地上戦で激突した奉天会戦など、激しい塹壕戦で砲

＊　田代義徳は、一八六四（元治元）年八月生まれ、医師の田代家に養子に入り、一八九一年（明治二十四年）四月田代病院を設立すると共に義父田代基徳が創刊し主宰していた「医事新聞」を継承、明治二十六年に病院に専念するためいったん大学を依願退職したのち三年後に大学に戻り、同三十三年にドイツ・オーストリアに留学して留学先で助教授となり、同三十七年帰国、一九〇六年（明治三十九年）五月に整形外科の初代教授となった。

弾や機銃によって顔面創傷を負った者が多く、戦地で応急処置を受けて帰国した将兵なので命に別状はないのだが、顔面に深い傷を負った将兵の尊厳を回復するための顎顔面の外科が求められた。その担い手として最適任者が、佐藤運雄だった。それは血脇が、東京歯科医学院の開校式で語った「言語の不明を来す者は…、容貌の醜を呈する者は…」という、生死には直接かかわらないが、それゆえに重いこの分野の医療を担うことの意味を改めて確認させるものだったに違いない。運雄が「頼まれてやることにした」と言うのも頷ける。

ともかく、この陸軍予備病院で軍医として治療にあたる都合から、東京帝国大学の講師になった。帝国大学に歯科開業免許をもつ講師が誕生したのは、これが初めてだった（運雄は前年に、外国医科大学卒業資格をもって医術開業免状を取得していた）。このときの戦傷兵を診療した軍医の働きで、勲六等瑞宝章を受けている。

「その時分石原先生は未だ教授にならない。助教授だ。それで僕のことも相当心配してくれただろうけれども、なれないのだ。そういうチャンスがあったものだから、講師になった。講師といっても年俸三百円だ。……助手が月給十四円だった。[5]」

乞われて身を置いたものの、運雄にとって東大の歯科は決して居心地のいいところではなかった。

「東大の歯科というのを東大のどの教授も馬鹿にしておるのだ。石原先生はね。岡田和一郎、[*1]田代義徳なんか皆一緒に佐藤外科にいたのだ。助手をして、そうして皆んなヨーロッパに行って帰って来てすぐ教授になった。石原先生は帰ってきても教授にしない。いつまでも助教授であった。[14]」佐藤三吉教授の頭には、歯科を講座に昇格させるという考えはなかったものとみえる。

耳鼻咽喉科は一八九九（明治三十二）年十一月に、整形外科は一九〇六（明治三十九）年四月に講座開設の勅令が下されたが、歯科学教室が講座として独立し石原が教授になったのは一九一五（大正四）年と、たしかに遅かった*2（因みに、教室の名前が歯科学教室から口腔外科学教室に改称されたのは、第二次大戦後の昭和三十年である）。

この当時、外科学が痔核など体表の外科から腹部・胸部の治療へと手術分野を拡大し、内臓の外科手術が次々に試みられるようになっていた。因みに第一外科の初代宇野朗教授は、皮膚病学・梅毒学講座の教授を兼ねていた。先に外科の手術料金のことでスクリバの名前を出したが、医科大学の病院で幅広く腹部の外科手術手技を教えたのがスクリバである。田代は長くスクリバの手術助手をしていたので、スクリバの手術手技について詳しく解説しているが、「上顎の切除術が出来、直

＊1　岡田和一郎は、一八六四（文久四）年生まれ、明治二十八年に助教授、明治三十二年にドイツ・オーストリアより帰国三年後の一九〇二（明治三十五）年に耳鼻咽喉科の初代教授となった。

＊2　岡田和一郎は帰国時三十五歳、教授就任時は三十八歳、田代義徳は帰国時四十歳、教授就任時は四十二歳、これに対して石原久は、帰国時三十七歳、教授就任時は四十九歳。

腸癌が取れれば外科医としては卒業」(3)と考えられていた、とその時代を振り返っている。いまのカテゴリーで言う口腔外科分野は、この当時は外科の基本的な手術分野で、それを歯科医に明け渡すなどということは、佐藤教授も田代助教授も夢想だにしなかったに違いない。

二人のキーパーソン

佐藤運雄は、石原久の二人の先輩について「岡田和一郎、田代義徳なんか皆一緒に佐藤外科にいたのだ」と言う。岡田和一郎や田代義徳という名前に馴染みがない者は驚かないだろうが、実はこの二人は日本の現代医学史、とくに医師の地位をめぐる議論では記憶しておかなければならないキーパーソンなのである。

岡田和一郎は、東京帝国大学医科大学に初めて開設された耳鼻咽喉科講座の初代の教授にして日本耳鼻咽喉科学会の創立者、ゆえに耳鼻咽喉科学の祖と称えられ、もう一人の田代義徳は、外科の教授となって、整形外科の科名を命名し、日本初の整形外科専門の教室を担当した、やはり整形外科学の祖とされる。しかし、ここで二人を「学問の祖」というのは、実は必ずしも公平ではない。この二つの学問と施術を日本に紹介したのは、「耳科・鼻咽喉科」は金杉英五郎*1であり、「外科矯正術」(整形外科)は林曄《はじめ》*2である。岡田と田代の二人が、それぞれの学問の祖とされるのは、東京帝国大学において初代の講座担当となって、その学問を命名し、学会の設立に関わったからである。

それほど、明治の日本において、官は強かった。

そして興味深いことに、石原久が川越藩典医筆頭石原昌迪《まさみち》の次男として生まれ帝国大学医科大学を卒業した由緒正しいエリート医師であるのに対して、この二人の先輩は、岡田が商家、田代が百姓（名主）の出である。田代は「自分は百姓の出だから一生懸命働くために生まれてきたのだ」と話すのが口癖だったという。[17] この貪欲な上昇志向をもった二人に対して、家門正しき名家育ちの石原は、おそらく競争心を抱くことさえなかっただろう。

この二人は、後に医学界の重鎮になったというだけではない、佐藤外科で頭角を現すよりずっと以前から、帝大出身の若手医事ジャーナリストとしてその名を知られる存在であった。そして、開業医師の団体を統合し、帝大医師主導の医師法が成立するプロセスで、影響力をもったのである。石原のいた第二外科こそは、帝大医師主導の医師法を主唱する言論の中枢だった。

この二人の論壇への登場は、医師会の全国統一のきっかけとなる「第一回日本醫學會」のところ

＊1　金杉英五郎は、帝大の別課を一八八七年に卒業し、五年後にドイツから帰国すると、その年五月東京病院（海軍軍医高木兼寛経営）で診療、九月東京慈恵医院医学校にて講義を始めた。後に東京慈恵会医科大学教授。
＊2　林曄は、スクリバの門下生でハイデルベルグ大学のウルピウス（Oscar Vulpius）に学び一八九七（明治三十）年に帰国し築地で「外科矯正術」を標榜して開業した。[18]

まで遡る。第一回日本医学会は、大日本帝国憲法の施行、国会の開設と同じ年の開催が企画されたが、その開催告知（明治二十二年）に厳しい批判の目を向けたのが、義父田代基徳が創刊した『醫事新聞』の主筆・田代義徳であった。田代は、この企画が学術集会ではなくお祭りになっていることを批判し、発起人が各々百円を拠出したことや医科大学生を排除したことを「苟《いやし》クモ学問的ノ集会ニ貴賤尊卑ノ差別」を持ち込むものと批判した。自由民権の色濃い主張である。

これに即座に反論したのが、『東京醫事新誌』の主筆・森林太郎（鷗外）である。鷗外はこの前年、滞独四年を経て帰朝した陸軍省の軍医であり衛生学者であり、文芸批評家としてすでに注目を集める存在であったが、この反論の論旨ははっきりしない。ひらたく言えば、歯切れが悪い。それと言うのも『新誌』は、当時の医学界の主要紙で乙酉会の長老たちとの関係が深く、その主筆の座に鷗外があるのも軍医の長老松本順の推挙によるものだった。さらに第一回日本医学会主催者代表の石黒忠悳は、鷗外の直属の上司であった。鷗外は、言うなれば第一回日本医学会のスポークスマンの立場にあったわけだ。[19]

数次にわたる議論の応酬の末に、鷗外は、この第一回日本医学会が研究者の学会ではなく諸名家の「学術的演述」の会になっていると、本音を吐露してしまう。[20] その結果、鷗外は、後ろ盾の松本順から譴責《けんせき》処分を受けて、この年の十一月に主筆の座を追われることになる。この鷗外に代わって

『新誌』の主筆になるのが、石原のもう一人の先輩である岡田和一郎である。編集長に着任した岡田は、まず鷗外の始めた主筆のコラム「緒論欄」の解消を宣言するのであるが、その書きぶりに激昂《げっこう》した鷗外は、早速『醫事新論』に依って「悪聲《あくせい》」という一文をもって激しく応酬する。そして野に下った鷗外は、今度は誰憚《はばか》ることなく乙酉会批判を始めるのである。*

この活字による議論の応酬とは関わりなく、第一回日本医学会（明治二十三年）は、参加者千七百~八百名、陸軍軍楽隊の吹奏楽によって華々しく開会し、わが国初の全国規模の医者のイベントとして大成功を収める。田代もちゃっかりと講演者側に加わったのであるが、鷗外その人は、招待講演を拒否し、空しく「この種の会は、二度と開かれてはならない」と吠え続けたのである。*

そして第二回日本医学会とともに大日本医学会の設立さらに「醫士法案」、そして明治医会主導で医師免許法改正、そして医師法の成立にまで続くのであるが、私たちはこの明治医会の立役者の中に川上元治郎、遠山椿吉とともに岡田和一郎、田代義徳の名前を見出すのである。

歯科医師法成立

一九〇五（明治三十八）年五月、日本海海戦の勝利により戦況が好転し、戦勝が明らかになると、

＊この項、岡田、鷗外の確執については、『岡田和一郎先生伝』日本医事新報社（1943年刊）を参考にした。

東京市場の株価は開戦前の八倍に達した。日露戦争を境に、槌《つち》音高く、あちこちで今見るような東京の風景が生まれた。官設鉄道の新橋駅と、私鉄の日本鉄道の上野駅を結ぶ高架鉄道の建設が決まり、この新線の途中に総三階建て構造の中央停車場（後に東京駅と名付けられる）の建設が決まったのは一九〇七（明治四十）年のことである。現在の東京駅が姿を現したこの時代に、歯科の諸制度、諸組織も、徐々に我々が知る姿に近いものになった。

佐藤運雄は、明治三十八年四月の日本歯科医学会第四回総会で、「歯槽膿漏症について」を宿題報告、瑞穂《みずほ》屋の商業的な翻訳雑誌である『歯科雑誌』[*1]に「オドントームの病理」（九巻九十七号）、「無髄歯の治療に就いて」（九巻一〇三号）、「顎骨嚢腫に就いて」（九巻一〇六号）を発表している。日本歯科医会の富安、榎本らが、明治医会から売られた喧嘩《けんか》に長文の反論[*2]を加えたのは明治三十二年のことだったが、医師法案中の「歯科医には本法の規定を適用せず」の医師から歯科医を排除した一文は、次第に動かしがたいものになっていった。

医師法の中に歯科医を包含すべしという主張[21]は依然、歯科医の中には根強いものではあったが、歯科医師独自の歯科医師法の法制化を視野に入れなければならないという議論が次第にかたちをなしつつあった。血脇によって蒔かれた米国式独立教育論の種は、医師法案が煮詰まるプロセスにおいて、歯科医師らの中で次第に職業身分の独立論に育っていったのだった。

一連の歯科医師法案成立のプロセスは、血脇守之助が日本歯科医師会長として昭和十五年に荒木盛英らに編纂させた『歯科医事衛生史』前巻に詳しく記録されている。[22] それは、わが国の洋式医師の地位を確立する医師法制定に際して、その医師というカテゴリーから歯科医師が排除されるのだが、その排除をきっかけに、排除の主役であった明治医会との対立と協調の中で歯科医師法は生まれる。しかし、その対立と協調という関係は微妙である。明治医会の中心人物の一人であり大正期に東京帝国大学医学部長を務めた入澤達吉は、晩年、歯科医師法成立の経緯について、あたかも川上元治郎が起草したかのように話している。「医師法が議会に提出され著々進捗の模様の見えた頃、川上元治郎君は疾雷耳を掩《おお》ふに遑《いとま》あらざる程、迅速に歯科医師法案を起草して之を医師法案提出者青柳代議士に托《たく》し三月十七日に……衆議院に提出せしめた。」血脇の編纂した『歯科医事衛生史』前巻はこれを「間違いである」と断言して引用しているのだが[23]、この対立と協調のプロセスを明治医会側から振り返った入澤達吉の記憶には、川上元治郎が深く関与したことが鮮明に刻まれていたのである。

＊1　瑞穂屋の『歯科雑誌』は、パリ万博（一八六七年）に日本人商人として唯一参加・出品した幕末・維新の商人清水卯三郎が発行した翻訳記事を掲載した雑誌。

＊2　十月発行の『公衆醫事』三巻八号掲載の明治醫會会員を仮名筆者とする侮蔑的な「歯科医論」に対して翌十一月発行の『醫界時報』に富安、青山、齋藤、榎本の連名による「対歯科医論」をもって反論した。

大日本歯科学会の歯科医師法案は、一九〇六（明治三十九）年三月、川上元治郎の新潟選挙区の地盤を継承した衆議院議員青柳信五郎らによって議員提出法案として衆議院に提出された。

血脇理事の大日本歯科医会での報告には次のような下りがある。

「突然のことでして明朝衆議院に提出すると云う時です。……第一条のなかに『帝国大學醫科大學歯學科云々』と云うことがありましたが、是はどうも現在立って居らぬ、又将来どう云う工合になるか更に譯の分からぬものであるから之れだけを省かうと云う石原君の説に依て、単に『歯科醫學專門學校を卒業したるもの』という文字に改めました。」帝国大学医科大学歯学科云々を歯科医師の資格要件の一つとして条文に入れることを石原久が、法案提出直前に強く拒んだために、急遽その部分を修正して、衆議院に提出されたというのである。議会工作は、主に血脇と榎本があたったとされているが、当然、佐藤はその手伝いをしたに違いない。そもそも歯科医師法案は、ほとんどの議員たちの関心事でなかったので、帝国議会衆院委員会の成立に必要な定数確保に院内を走りまわらなければならなかったという。(24) 万機公論は、容易ではなかった。

もっとも衆議院の委員会では、この「専門学校を卒業したるもの」はさらにハードルを下げて「文部大臣の指定したる歯科医学校」に修正された。*1 この時点で、歯科の専門学校はただの一校もなかったのだから致し方ないが、政府委員の「専門学校は……、近い将来においてできる見込みもございません。」という説明はほどなく覆されることになる。

もうひとつ、法案の条文にはなかったのだが、一般医師が歯科診療をすることの可否すなわち業務権に関する問題は、政府委員の「可」とする解釈で、そのまま貴族院本会議を通過した。この政府委員の解釈が、この後、歯科医の自負心を傷つけ、職業身分の論争の火種となって一元論対二元論の抜き差しならない対立を生むのであるが、その話は後段に譲る。

五月二日、歯科医師法は医師法とならんで公布された。

この明治三十九年の十月、公立私立歯科医学校指定規則が制定され、文部省試験の免除が決まる。佐藤は、大日本歯科医会の理事の一人[*2]として東奔西走し、歯科医師試験規則の法制化を得たことについて「従来医師開業試験のワクの中にあった歯科医師の立場を独立させることに成功した。……今日の歯科医師法の濫觴《らんしょう》とでも言えましょうか。[(25)]」と、歯科医師の法的身分の確立を喜んでいる。法的身分としての二元論は、歯科医師法の成立をもって確立した。

＊1　第一条の「歯科医学専門学校を卒業したる者」は、帝国議会の委員会で「文部大臣の指定したる歯科医学校を卒業したる者」に修正、さらに一般医師は自由に歯科の診療を行い得るとの解釈となった。

＊2　このときの大日本歯科医会は、髙山紀齋が会長を辞し、富安会長、榎本副会長、血脇筆頭理事、理事に藤島、曾根そして佐藤という陣容である。

この年、佐藤運雄は、政子と結婚[*1]。本郷弥生町に住む。

全国統一組織大日本歯科医会の創立、それを足場に明治医会の後ろ盾を得て歯科医師法を成立にもち込んだ血脇守之助は、翌年一九〇七（明治四十）年の五月に夜間別科生のための東京歯科学講習所（一年制）の設置を申請し七月に認可開校、さらに九月には「學院」の専門学校への昇格を果たす。これにより徴兵免除、国家試験免除が約束されたのである。これを破竹の勢いと言うのだろう。当然、東京帝国大学の石原との確執は深まる。

医師法・歯科医師法成立の年（一九〇六年）の医師最大の学会（第二回日本聯合医学会総会[*2]）には、初めて歯科が分科会として正式参加となるが、大学側は分科会長を石原にすることを強く求め、大日本歯科医学会側が折れた。歯科は、第十六部分科会として帝国大学の生理学教室で開催され、佐藤運雄は「齒牙硬組織の病的状態」について講演、標本展示ではただ一人ヒト病理組織標本をそれも五点展示した。血脇と石原の確執の陰で、ひたすら学問に徹した姿がうかがえる。この分科会には「第一大臼歯ニ就テ」の演題で発表した中原市五郎の名前も見える。

中原市五郎は、一九〇七年六月に麹町区大手町の商工中学校内に共立歯科医学校という夜学を開校、十月に神田区雉子町に移転して附属医院を新設し、臨床実習を始めた。共立歯科医学校は、前年十月に公布された公立私立歯科医学校指定規則に則った初めて私立歯科医学校であった。

なお、続く第三回総会（一九一〇年）にも歯科は第十六部分科会として参加したが、ここでも医学会サイドは石原を分科会長することにこだわった。ただ大阪で開催されたこともあり、第三回総会では地元の西村輔三（大阪歯科医師会会長）が歯科の分科会長となった。

佐藤運雄は、夜間講習所の開校に伴って矯正歯科と口腔外科の二課目を毎週講義することになった。そして、「學院」の専門学校への昇格に伴って、専門学校の教員となったのである。

ここからしばらく佐藤運雄の歯科医学の著作の話になるので、興味のない方は読みとばしていただいていいが、この年（一九〇七年）、歯科学報には「腐敗髄ノ治療」（十二巻五号、五月号）、「白斑 Leukoplakia ニ就イテ」（十二巻七号、七月号）、「歯槽膿漏の原因について その1」（十二巻十号、十月号）、「歯組織消亡の研究」（十二巻十一号、十一月号）と活発に論文を発表している。東京歯科医学院の講師になってすぐ、血脇の『東京齒科醫學院講義録』（第3版）の矯正学について血脇が序論、佐藤が各論を書いたが、一九〇七年の第4版「新纂齒科學講義」では、矯正部分は佐藤単

＊1　政子は、衆議院議長を経て早稲田大学校長となった鳩山和夫の姪で、後の宰相鳩山一郎の従妹にあたる。この時代の女性としては極めて珍しいが、数年間米国に留学した経験があったとされる（佐藤運雄先生「八十賀記念寫眞帖」による）。

＊2　第二回日本聯合医学会総会は、第一回日本医学会からかぞえて四回目となり、会頭は北里柴三郎、西園寺総理大臣、内務、文部の各大臣および大学総長、軍医総監の臨席を得て、上野公園音楽学校で総会が開催された。

独に変わっている。鈴木祥井《よしい》によれば、第3版は総論と各論の内容に不統一があり、第4版ではこれが改められているという。(26)

「矯正は新纂歯科学を書いたでしょう。それからフィラデルフィアのギルバートの本があった。それを殆ど全訳した。これは伊沢さんの器械学と同じように、これはこう、こうだと只羅列《られつ》しただけだ。ギルバートも殆どそれですよ。だから破裂口蓋板とか。ケースの顔貌矯正術とか、それを矯正で書いたわけです。(27)」

『歯科学通論』

運雄は、『齒牙充填学』を出版したころ、その自序で予告しているように、歯科学と一般医学との合体を意図して論じる試みに着手し始めている。それは『齒牙充填学』出版から丁度二年後に、疾病論を踏まえた解剖・組織・疾病論のベースの上に歯科技術を論じた『齒科學通論 前編(齒牙の部)』(明治四十年三月)として結実する。口腔の解剖・組織・胎生・生理・口腔細菌の総論に各部位の疾患各論からなる後編(口腔の部、同年九月)と合わせて千ページに及ぶ大著、佐藤運雄初期の主著と言うべき仕事である。その自序には「米国歯科学はブリッジ、ドイツ歯科学は抜歯術的だと言われる。* では我が国の歯科学は、何をもって代表されるだろう。思うに、医学的なベースをもたない歯科学は、浅薄で技工に傾きやすい、同時に技術的なことを無視する歯科学もまた健全とは言えず（歯科学の）特徴を忘れたものである。医学的なベースと技術が互いに調和してはじめて理想的歯科学となるに近いだろう。この考え方をもってここに歯科学通論を刊行する。まずもって初学者に歯科学の何たるかを知らしめ、また最近の歯科学の動向を明らかにできれば著者にとって望外の幸せである。」（括弧内は引用者追記）と記している。

前編歯牙の部は第一編「誘導篇」（解剖、組織、胎生、生理の各論）から始まる。「歯科学は歯牙を中心としてその周囲に発起する疾患を研究し治療するところの医学の一分科なり。それ歯牙は消化管の前端即ち口腔の付近に存する硬固なる石灰性物質にありて、人類にありてはただ口腔内にのみ占居しかつ顎骨中によく支持せらるるといえども劣等なる哺乳動物にありては口腔の周囲にある骨および軟骨中に散布して存在す。」医学の一分科であることとともに、いきなり私たちに馴染みのない比較解剖学的事実が紹介される。しかも、消化機能について一行述べた後、「最重要なるは、発音、談話にして、これに次ぐを口腔および顔面の美的外容なりとす。」と歯のもつ機能が生命維持にとどまらないことを述べる。

第十五章歯牙矯正術の適応症の冒頭に「歯列の不正は如何なる種類及び程度のものをも矯正しうべきや否や極めて疑問に属す」と歯科矯正の治療適応という根源的な問題提起をして、年齢、健康

＊　原文は「説ヲナスモノアリ曰ク米國歯科學ハ架工術的ナリト、又曰ク獨逸歯科學ハ拔歯術的ナリト、……」

状態、認識力などの「矯正の条件」を示し、転移歯、捻転《ねんてん》歯、歯穹《しきゅう》の異常、歯牙長径の異常、咬合の異常、顔貌の異常を矯正の適応とした。

また後編口腔の部の冒頭には「恩師ブロフィー先生並ニ石原久先生ノ深厚ナル指教ヲ感謝ス」とブロフィーと石原への謝辞を掲げている。

この『歯科學通論』をもって、職業は二元論でも、「業種では学問を左右できない」という思いを、ひとまずかたちにしたのである。なおこの年、佐藤はもう一冊、『新纂歯科講義』の第1巻の歯科治療学を上梓している。とにかく、驚くべき多作である。後のことだが、子息の佐藤三樹雄は「本を沢山書いたのはね、歯科医学に自分の思想を持っていたからだと思いますよ。当時なかった思想です。それを教えなければならないから歯科の教科書は、俺が全部書くんだと言っていたことがありますよ。(28)」と回想している。

帰国した運雄が東京歯科医学院と東京帝国大学に通った頃のことを長々と綴ったが、実は帰国して、運雄がまずどこに行かなければならなかったかと言えば、二つの学校ではなく、父の診療所が待っていたのである。

「そりゃ、おやじがやっているんだもの。そこへ帰ったんだよ。……おやじは後を継がせようと思っていたんだし、ぼくは継がされまいと考えていたんだね。(29)」

こういう次第だから、運雄は外から声がかかることを喜んだ。養父にしても、お呼びのかかる先が、帝国大学であれば小言は言えなかったに違いない。

先に紹介した寄せ書き「運雄賛」のなかに、「彼は人柄なり、行為に瑕瑾《かきん》少なし、従って一方に重きをなすこと難からん。当時彼は歯科社会に於いて、学者として待遇せらるも寧《むし》ろ開業医として適当ならずや（八面鋒）」という一文がある。「一方に重きをなすこと難からん」とは、東京帝国大学と東京歯科医学院のどちらか一方という意味だろうか、あるいは学者か開業医かどちらか一方という意味だろうか。彼は学者として遇されたが、むしろ開業医の方が適しているという指摘の後には「米国仕込み丈《だ》けありて能《よ》く欲情を矯《た》め世と争わず我意を張る事なく社交に巧みなり」と、持ち上げている。

佐藤は、酒は飲まなかったが、よく遊んだ。

「遊ぶことは人より余程遊んでいるけどね、ケチな遊びは嫌いだな、初めて遊びということを知ったのは、紅葉館だよ。紅葉館といっても知らないだろう。……芝だよ。そこでぼくは遊びを始めたんだよ。血脇さんが連れてってくれてね、だからほとんどそこで遊んだくらいだ。その次は柳橋[*1]に行ったんだよ、その次は帝大の医学部の人が下谷[*2]へ行って遊ぶんだそれで下谷へ行った。(30)」

＊1　柳橋は、江戸中期から栄えた花街で、現在の台東区柳橋。

＊2　下谷は、現在の下谷ではなく、池之端辺りのことを言った。

ここで言う「遊び」は、舞いや謡などのお座敷遊びである。義父佐藤重は、「最も酒を嗜《たしな》み、常磐津《ときわず》、義太夫《ぎだゆう》等に趣味あり、萬般の遊戯行くとして可ならざるはなし」[31]と後世、遊びであれば出来ないものはないと語られた人である。その義父仕込みであろう。血脇とは、遊びの趣味が合った。

紅葉館は、海外のクラブハウスをモデルにした会員制の社交場で、鹿鳴館が洋風であるのに対して、紅葉館は建物しつらえだけでなく接待、料理も京風だったため欧米人の観光スポットとして知られた。芝能楽堂と隣合わせで、能役者が紅葉館の宴会で饗応能楽を上演することもあったという。[32]

第4章引用文献

(1) 入山秀「故石原久先生を偲ぶ」『臨牀歯科』13巻(7)、一九四一年
(2) 金子譲ら「大正後期から昭和初期における歯科医学教育 第4編 初めての官立歯科医学校設立における島峰徹と先立つ血脇守之助らの執拗な帝国議会請願」『歯科學報』117巻(6)、447~472頁、二〇一七年
(3) 田代義徳「スクリバ先生」『中外医事新報』1240号、68~72頁、一九三七年
(4) 吉澤信夫ほか「医科歯科一元二元論の歴史的検証と現代的意義(1)前史―「医は賤業」からの脱皮と新時代への模索一元二元論」『歯科學報』115巻(1)、51~70頁、二〇一五年
(5) 佐藤運雄、栖原六郎、穂坂恒夫、関根永滋、山田平太「佐藤運雄先生 若き時代を語る」『日本歯科医師会雑誌』11巻(10)、573頁、一九五九年(以下、『日歯会誌』11巻(10)、X頁、一九五九年)
(6) 『日歯会誌』11巻(10)、574~575頁、一九五九年
(7) 佐藤運雄「歯科醫學の立場に就いて」『歯科醫報』、一九二〇年
(8) ジョージ・ブラウンの論文抄訳、『歯科學報』9巻(2)、一九〇四年
(9) 佐藤運雄「所謂歯科醫學の名称及分類について」『歯科學報』9巻(5)、11~12頁、一九〇四年
(10) 遠山椿吉「醫術の本義」『歯科學報』9巻(3)、1~20頁、一九〇四年
(11) 奥村鶴吉「歯科醫術及醫學の本義並に分科について」『歯科學報』9巻(4)、1~6頁、一九〇四年
(12) 佐藤運雄「再び所謂歯科醫學の名称及分類について」『歯科學報』9巻(7)、1~7頁、一九〇四年
(13) 金子譲ら「大正後期から昭和初期における歯科医学教育 第3編 日本大学専門部歯科の設立と私立歯科医育機関の隆盛」『歯科学報』117巻305~322頁、二〇一七年
(14) 『日歯会誌』11巻(10)、572頁、一九五九年
(15) 『歯科學報』9巻(11)、一九〇四年
(16) 『歯科學報』9巻(15)、一九〇四年
(17) 『東大病院だより』No.52、二〇〇六年

(18) 蒲原宏「日本の近代整形外科が生まれるまでII」『整形外科』13巻（14）1120～1137頁、一九六二年

(19) 磯貝英夫「第一回日本医学会論争 鷗外初期のたたかい」『国語教育研究』8、192～200頁、広島大学教育学部光葉会、一九六三年

(20)『東京醫事新誌』599号9・21、600号9・28、602号10・12 一八八九年

(21)「歯科医術試験は何故に医術試験より全然分離せざるべからずか」『齒學研鑽』2巻（3）、一九〇一年

(22) 日本歯科医師会編『歯科医事衛生史』前巻、日本歯科医師会、東京、一九四〇年

(23) 日本歯科医師会編『歯科医事衛生史』前巻、290頁、日本歯科医師会、東京、一九四〇年

(24) 中原泉『現代歯科原論—歯科医師へのアプローチ』、144頁、書林、東京、一九七九年

(25)『日歯会誌』6巻（2）、一九五三年

(26) 鈴木祥井ら「日本の矯正歯科学の歴史（1）」、Orthed Waves 62（2）、75～95頁、二〇〇三年

(27)『日歯会誌』11巻（10）、37頁、一九五九年

(28) 佐藤三樹雄「座談会…佐藤運雄先生を偲ぶ」『佐藤運雄先生 生誕百年記念誌』、日本大学歯学部 佐藤会、一九八二年

(29) 語る人・佐藤運雄、聞く人・小林辰之助「楽苦我記放談シリーズ 思い出ばなし よもや万（二）」、『楽苦我記』、小林歯科産業、一九六一年七月（以下「思い出ばなし よもや万（X）」、一九六一年X月）

(30)『楽苦我記』（一）、一九六一年

(31) 大日本歯科医学会編『歯科沿革史調査資料』89頁、大日本歯科医学会、昭和元年十二月二十五日発行 一九二六年

(32) Slavov, Petko「外国人の目に映った能楽の明治維新 海外に伝えられた能狂言のイメージ」、Osaka University Knowledge Archive、大阪大学、二〇一四年

5章　歯科医専の誕生

大連病院へ転職

佐藤運雄は、明治四十年の暮れ、やや唐突に東京帝国大学医科大学と東京歯科医学院の職を辞することを決め、翌年五月に大連の南満州鉄道病院に赴任することになる。

日露戦争の後、ロシア帝国が南進のために敷設した東清鉄道の南満州支線が大日本帝国に譲渡され、明治三十九年に特殊会社南満州鉄道株式会社、通称『満鉄』が設立される。帝政ロシア時代に設立された病院も譲渡を受け南満州鉄道病院となったが、この後、地下一階、地上四階、延べ面積九万平米という東洋一の大連病院となって世に知られることになる。運雄が満州に渡ったのは明治四十一年の五月、まだ大病院になる前の南満州鉄道病院である。

この佐藤の満州行きについて、血脇守之助の一通の手紙(1)がその事情を教えてくれる。川上為次郎宛ての血脇の手紙の文面からは、おそらく血脇が南満州鉄道の初代総裁後藤新平の筋(岸博士)から依頼を受けて、まず卒業生の川上を推薦したものと推測される。上海にいた川上は、契約のためか漢口にまで出かけたが、話はお流れになり手ぶらで引き返さざるを得ない始末で、それを平身低頭血脇が詫びたのが手紙の趣旨だが、ここに後に佐藤運雄を日本大学と結びつける河西《かさい》健次が登場する。河西は、南満州鉄道病院の初代の病院長に任ぜられ、新天地の病院の青写真を描くときに、医科大学の同級生だった石原久に相談した。

河西によれば「大連病院は頗《すこぶ》る大仕掛けのものにて内科外科耳鼻科の医長は何《いず》れも博士のみなるも歯科は単に歯科のみに限らず歯科及び口腔科として病室をも与うる筈《はず》なれば、相当の学歴と全科の資格あるものならざるべからずとて」石原に相談して佐藤運雄をスカウトしたのである。全科の資格とは、医師資格のことである。この条件であれば、佐藤は、誘いにグラッと来たに違いない。

「佐藤氏は或事情のため大学を去りたき考えなれば精神すこぶる動きたる様子にて小生に相談これあり」血脇は、これまでの経過を述べた上で賛意を示した様子である。このために川上の就職口の話は消えた。河西は佐藤のみの採用を決めたのである。血脇はあわてて交渉したが、「絶対的権力者たる河西院長は前記の意見」で、取り付く島もなく誠に申し訳ないと川上に繰り返し詫びを入れている。

佐藤の「大学を去りたき考え」について、後に本人の口から語られたのは次のような事情である。帝大の歯科で、患者がアメリカ帰りの運雄のところに集まる事情については、先にも触れた。患者が多くても、忙しいだけで一文にもなるわけでないが、事務官は疑いの目を向ける。

「それでうるさくなったので。そこに卒業生で降幡積《ふりはたつもる》というのが入って来た。上に高橋君がおるだろう。僕より先輩が。そこに下の方に新規の学士が入って来た。両方から挟み打ちだ。どちらに対しても僕の存在はうるさい。そこにもってきて大連病院の院長をしていた笠井（ママ）という人が、石原先生とごく仲の良い友達だった。或る日大学に来て、僕の方で要るけれども佐藤君どうだという。誰に相談するともなしに参りましょうというた。うるさいから。それで満鉄に行ったのだ。(2)」

よほど嫌気がさしていたのだろう。河西院長の誘いに、二つ返事だった。

この河西の郷里諏訪の友人が日本大学の山岡萬之助（第三代日本大学総長）である。佐藤の大連病院行きが、佐藤、河西、山岡という後に日本大学にかかわる三者の出会いをつくったのである。(3)

もうひとつの勤務先、東京歯科医学院について、そこを離職しなければならない事情を語ったものは見当たらない。ただ、血脇は明治三十九年八月五日の奥村の帰国を待ちかねたように、奥村に命じて大車輪で文験免除[*1]の指定校（無試験開業指定校）となるための準備を始めたのであるが、東京帝国大学にも籍を置く佐藤運雄は、その大仕事の埒外《らちがい》に置かれた。佐藤も米国の歯科医師教育について知識がなかったはずはないが、必ずしもアメリカ式を高く評価していなかった。血脇は、帰国早々の奥村を講師兼幹事に任命し、重用した。奥村は仕入れたばかりの米国の教育システムの知識を使ってカリキュラムの編成、学則の改革を一人で一気に仕上げた。これとまるで平仄《ひょうそく》を合わせるかのように十月三十日に「公立私立歯科醫學校指定規則」が発令されるのである。

専門学校となるためには施設を拡張しなければならないが、そのしわ寄せで夜間の別科生の教室が不足する。夜間部は、学校の大きな収入源でもあったので、これを分離して歯科学講習所を設立し、奥村を主事として明治四十年七月に開講した。後にこの夜間部の校名は東京歯科医学校となる。昼間部の東京歯科医学院は修業年限三年、学年開始時期を九月十一日に変えた。翌年五月血脇は、学則変更さらに新しい法律に基づく指定を東京府知事宛に申請しているが、これが文部省側の配慮で専門学校の認可に転じる。このあたりのめまぐるしい事情は省く。[*2] ともかくも、こうして明治四十年九月、東京歯科医学院は専門学校に昇格し、佐藤運雄は一年生の歯科学通論、二年の歯科治療学、三年の口腔外科学同臨床講義の担当となった。しかしこの年の暮れ、専門学校の教員になってわずか三ヵ月後のことであるが、突然、佐藤は東京歯科医学専門学校を離れることを決めるのである。

東京歯科医学院が専門学校に昇格するため夜学を分離独立させたのとちょうど同じ年の七月、中原市五郎が『共立歯科醫學校』という夜学を開校したことは先に述べた。申請から二週間足らずの

＊1　帝国大学令によって東京大学が帝国大学に改組されるに伴って帝国大学法科大学・文科大学の卒業生は、高等試験を受けることなく奏任官候補となり、これを俗に「文験免除」（文官試験候試免除）と呼んだ（この制度は一八八七年から一九〇〇年まで二転三転した）[(4)]。これを模して、私立専門学校に与えられた無試験医師免許授与の特典を「文験免除」と呼んだものと思われる。

＊2　この間の事情は、吉澤信夫[(5)]によって克明にトレースされている。

開校であった。[*1]

寺木定芳は、突風に吹かれたように突然いなくなった佐藤運雄に代わって学院で矯正学を担当することになるのだが、佐藤の辞職について「(奥村と)両雄ならび立たず」という事情で佐藤が「憤然として三崎町を飛び出した」と後に語っている。「その当時、佐藤さんは奥村さんがきらいでないから、しょっちゅう交際しておられた。われわれが交際するとなると、やはり料亭に行って飲むんです。……飲むのは私一人で、よく三人で遊びました。[6]」これは、佐藤が東京歯科医専を辞める前のことと思われる。

「(血脇先生からすれば、)まるで小僧時代から育てたんですから、何といっても奥村さんが可愛い、佐藤さんに対して表向きどうするということもないのですけれども、奥村さんに対するよりはやや冷淡な態度もあったためではないか。[6]」寺木は、佐藤と奥村の不仲ではなく、血脇の奥村贔屓《びいき》が佐藤を苦しめたと推測する。血脇に対する敬愛の念が深かっただけに、佐藤は身の処し方に苦しんだという推測である。

教え子の世代の鈴木勝は、「わたくしの聞いた話では、『おれの講義のすむのを奥村さんが待ってて、遊びにどっかへ連れて行かれて、二人で遊んだ』と、そういう時代もあったらしいのですね。仲よくね。それで『おれの月給を当てにして、みんなで使うんだ』というようなことを……先生方二人はどうでもないんでしょうが、はたがね……」と、佐藤運雄に直接聞いた様子で、同様の事情

を語っている。(7)

後世、口さがない人々は、「佐藤先生が東京歯科から追い出された、それは追い出されたのか、出たか、……。結局それは奥村君と仲が悪かったんで、出たんじゃないか……石原先生の一元論の思想をもっておられたために、大学を中心に働かれたんで、ああいうふうに出られたんじゃないか」[*2]と噂したものである。佐藤のメディコデンタルを石原の一元論の影響とするのも、佐藤が東京大学に軸足を置いたとするのも、事実関係から考えて的外れと言うべきである。後のことだが、この発言をしている今田見信は、大正十一年に歯科医の医師資格取得運動という資格取得に関する請願運動を画策している。さらに後世、日中戦争が始まり、戦時体制の色が濃くなると、それに伴う医療制度改革が議論され、医療の目的が疾病治療から疾病予防・保健指導へと変わり、大政翼賛の一環として医師と歯科医師を統合する議論が進む。

専門雑誌のタイトルに「二元論者は国民医療完遂の敵であり吾人歯科医師の敵である(8)」と言った見出しが躍る時代であるが、これに先立って今田は、明治時代の奥村と佐藤の議論を医歯一元論二

*1　中原泉は、この私立共立歯科医学校開校を公立私立歯科医学校指定規則（文部省令）発令後初の私立歯科学校設立であることをもって「わが国最初の歯科医学校」と表現している。(9)

*2　長尾優《まさる》から聞いた話として今田見信が座談（「座談会　東洋歯科医学校の追憶」『歯学部六十年史』、323頁、一九六八年）のなかで紹介している。

元論という二項対立として紹介しているのである。[*1] しかし、佐藤のメディコデンタルは、この戦時下の論争のような乱暴なものでは決してなかった。

歯科医師教育の発展

大連と言えば、日本人で溢れる美しい港町というイメージがあるが、それは昭和の満州で、この当時の大連は、まだ人口も少ない。[*2] 日本人はさらに少ない。話相手とて、そうはいない。大連病院の事情が分かると、佐藤運雄はすぐに山田渉（川合渉）[*3]を呼び寄せた。山田は、東京歯科医学院を出て歯科医術開業試験に合格するとすぐに佐藤のいる帝大の歯科に介補として入職していたが、佐藤はその入職一年余りの山田を大連に呼んだのである。

佐藤が満州に渡った一九〇八年の九月、中原市五郎の共立歯科医学校は、設立二年目にして、昼間部との二部制とし、東京帝大歯科の石原久を顧問に迎えた。中原は、その十一月には歯科新報社を設立して『歯科新報』を創刊した。

中原は、その創刊の辞で、政府当局者は歯科が「医学の重要なる一分科たるにかかわらず寸毫《すんごう》も顧《かえり》みるなきが如し、これ国家の教育行政上の一大欠点にして、我が医界の汚辱なり」と憤懣を露わにし、新雑誌発刊の目的を、歯科教育制度を樹立し、歯科医学の学理を究め、口腔衛生思想の普及にあると謳った。おそらく顧問として招いた石原の力が働いたのであろう。共立歯科医学校は昼間部を開設した次の年の六月に中原市五郎単独経営となって『日本齒科醫學校』と改称するや、わずか二ヵ月で専門学校の認可を受けることになる。

歯科医師法案の国会での議論で、政府委員が「専門学校は、近い将来においてできる見込みもない」と答弁してから、東京歯科医学専門学校が一年、歯科医師法成立時に影もかたちもなかった日本歯科医学校はわずか四年で二校目の専門学校となったのである。

日清戦争後に民間の製糸・紡績業が勃興し、日露戦争後に重工業が興るのであるが、この時期に産業政策だけでなく、政治から教育まで明治初期に国策で始まったあらゆるものが「官から民へ」

＊1　戦時下の用紙統制で「日本之歯界、中外歯科輯報、歯科時報など5誌が統合され『旬刊歯科公報』（昭和15年10月創刊）となったが、日本之歯界の主幹であった今田見信は、その2巻5号から11号まで、約2ヵ月7回にわたって「日本歯科学性格研究資料類纂」と題して医歯一元論二元論に関する明治期の議論を紹介した。この項、加來洋子ら(10)（2007年）を参考にした。

＊2　帝政ロシアが関東州を租借（一八九八年）してダーリニーは急速に都市化した(11)。日露戦争後のポーツマス条約（一九〇五年）によって日本の租借地となり大連と名付けられた。

＊3　愛知県渥美郡の士族山田義民の三男渉は、明治四十四年に親代わりの医師山本安三郎と川合すゑの長女川合ゆきと結婚して、川合姓となった。米国から帰国後、小石川に開業し(12)、傍ら東洋歯科医学校の創設にかかわった。昭和二十四年日本大学歯学部長兼附属医院長（以上　宮本康子による）。

拡大する。専門学校令（一九〇三年）は、帝国大学・高等学校・高等師範学校に限られていた高等教育を、公立私立に拡大するものだった。続く医師免許規則改正（一九〇五年）と公立私立歯科医学校指定規則（一九〇六年）に伴って、私立専門学校に無試験で医師免許授与の特典が与えられた。施設を間借りして夜間の各種学校として設立された歯科の学校が、専門学校となり、一気に無試験開業指定校となるチャンスが与えられたのである。この大きな時代の流れを中原は的確につかまえた。

　中原市五郎のこの躍進ぶりは、外地で人との交流の少ない佐藤運雄を大いに刺激したはずである。佐藤歯科医院の書生として帰国直後の運雄を知る横地秀雄[*1]は、「佐藤先生が、学校をつくるという念願を大連の満鉄病院ご在勤中から考えておられまして、〝おりあらば〟というチャンスをねらっておられたんですね。[13]」と語っている。

　同じ頃、明治四十年から全国の府県に続々と歯科医師会が誕生した。これは、明治三十九年十一月の歯科医師会に関する内務省令にもとづくもので、医師会同様に職業倫理を当局任せにせずに歯科医師団体で高める、いわばプロフェッショナルオートノミーに委《ゆだ》ねるためのものだった。血脇は鑑札営業の従来家を淘汰するために、歯科医師団体を設立して、そこに加盟を求めることで有資格者を試験の合格者に純化する作戦をとったのだが、東京府ではこれが上手く進まなかった。

明治四十一年四月銀座地学協会で開かれた東京歯科医会総会で富安晋会長は東京府歯科医師会の設立計画案を提案したが、これに強く反対したのが中原市五郎である。中原は、高橋直太郎らとともに八十余名の連署で時期尚早論をもって東京府歯科医師会の設立に反対した。医師会なみの組織化を急ぐ血脇の目論見は予想外の抵抗に直面した。それでもいったんは東京府庁に東京市歯科医師会（小幡英之助会長、富安副会長）の設立を届け出るのだが、東京府庁はこれを差し戻し、この計画は店ざらしにされる。もちろん時代の流れはすでに決まっていて、東京市歯科医師会（富安晋会長、榎本積一副会長）は騒ぎのほとぼりが冷めた明治四十三年に設立されるのである。(14)

この東京市歯科医師会設立反対署名の一件もそうだが、文験（国家試験）免除の指定校認可をめぐって中原は血脇への対抗意識を露わにした。雑誌相互の罵り合いもひどいものだった。『歯科學報』の編集を担当していた寺木定芳は独立して創刊した『歯科評論』[*2]を使って毎号のように中原市五郎を揶揄挑発した。中原市五郎の開設した日本歯科医学校は飯田橋の富士見町にあることから、

＊1　佐藤歯科医院の書生として働き東京歯科医学院に通い、佐藤運雄が設立した東洋歯科医学校の最初の専任教員となった。

＊2　『歯科評論』は、寺木定芳が牧謙治に譲り、牧が社会主義運動弾圧の余波を受けて「新歯科醫報」の松田英雄に託したが、日中戦争期の統制で高津弌《はじめ》の『日本歯科衛生』と合併して『日本歯科評論』となり、現在に続いている。高津も三崎町派を自認していた。

寺木はこれを富士見町と呼ぶ。一種の隠語である。中原の『歯科新報』も、これに負けじと東京歯科医学専門学校のグループを三崎町派と揶揄した。東京歯科は、今と同じ神田三崎町にあった。この二誌に少し遅れて『歯界時報』を創刊した前田慶次は、三崎町派を自認して舌鋒鋭く東京大学の石原と富士見町を攻撃し、この悪口の応酬は一段と激しくなる。世間の歯科医らは、これを三崎町派、富士見町派と囃《はや》したのであるが、これはただの学校同士の対立ではなく、歯科医学を医学から独立した学問とする血脇の三崎町派と、あくまでも歯科医と一般医師を同一に扱うべきだとする中原の富士見町派のアイデンティティを賭けた対立であった。そこに外科医学の片隅に寄寓する石原の大学が、「官」を後ろ盾に一つの軸を成す。この物語の後半は、三崎町派と富士見町派の非難と揚げ足取りの真ん中に、佐藤運雄が新しい学校を設立して、その新参者に両方から非難の矢が集中するという展開になるのである。

『歯科新報』による三崎町批判は、創刊から徐々に激しさを増すのであるが、これはたんにライバル争いと評すべきものではない。中原市五郎は、『新報』の社説というかたちをとって、「歯科医学の位置は一般医学の一分科たることを本体」とするという医学－歯学一元論の考え方を改めて宣言したのである。

そこでは歯科が医学の一分科となることが進化の道筋であり、「従来家が欧米の新文化に駆逐せられ、欧米今日の新文化が逐次来たるべき進化の前に改新せられ淘汰され行くは、これ理の当に然るべきところ」と論じる。(15) 鑑札営業の口中医が欧米医学によって駆逐され、欧米の文化もまた、次々に来る進化によって新しくなり、淘汰されるのは理の当然だというのだ。

帰国早々、試験委員

そうこうするうち東京歯科医学専門学校は明治四十三年二月一日に文験免除の指定を受けた。これによって明治四十四年以降の同校本科卒業生は医術開業試験を受けることなく歯科医師免許を得ることになったのである。血脇の喜びは格別のものだった。二月十二日、学校の講師、助手らは偕楽園にて記念の晩餐会、二月十八日には東京市内新聞各社、医事雑誌社を招いて銀座松本楼で晩餐会、三月四日には男爵高木兼寛、石黒忠悳、文部次官岡田良平などそうそうたる面々、友人、知己を招待して銀座交詢社にて盛大に祝賀会を開いた。

ところが、この東京歯科医専に遅れることわずかに四ヵ月、専門学校の設立認可を受けたばかりの日本歯科医学専門学校もまた無試験開業指定校として認可を受けたのである。

国内の歯科分野はこのとおり、各地に歯科医師会が続々と設立され、新たに専門学校が二校、その二校が立て続けに文験免除の認可を受けて派手に祝賀会を開くなど、騒がしいほどの変化だったが、体調を崩した佐藤運雄は、その年の六月にひっそりと下関の港に帰国した。大連病院の後任は、帝国大学の歯科で一緒だった遠藤至六郎に託した。

佐藤運雄の満州時代がどういうものであったかを知ることのできる資料は見当たらないが、河邊清治のインタビューに応えて、晩年の佐藤は次のように話している。

「僕は若い時から何とか長なんてことが嫌いだった。うちではまァ仕方がないから歯科長とか何とかやっていましたが。その他の長は大がいならないで済ませました、うるさいからね。それに僕は敵が多かったので、僕が何とか長になるとすぐ邪魔しようとするのがまわりに沢山いたので、長ということは嫌いでしたね。(16)」

佐藤運雄は、満州に行くまでは組織のトップを経験していないので、この「長になると邪魔しようとするのがまわりに沢山いた」という回顧譚は大連病院に始まるものだろう。大連病院の歯科口腔科医長時代は、和気藹々《わきあいあい》と楽しいものというわけではなかったようだ。おそらく世間と関わらず、診療に明け暮れ、毎夜毎夜、海外から取り寄せた書物に没頭していたものと思われる。そして「学校をつくる」ということを、一つの救いのように心に決めていた。アメリカから取り寄せた原書に向かっているとき、佐藤の気分はジョンソン教授やブロフィー学長から情熱的な指導を受けたシカゴ時代に戻っていたに違いない。

「ともかくアメリカの歯科大学の教授は、実際その仕事は自分の終生の仕事と思っているんです。あまり脇目をふると、ことに名誉とか地位ということはね、まして収入には眼をとらわれないで、一図（ママ）に精進する、そのことは非常にいいと思います。(16)」

大連病院時代に、佐藤運雄は米国歯科大学の教科書を改めて見直し、[*1]それを帰国翌年の明治四十四年三月に『近世齒科學』前巻として刊行する。独創的な『齒科通論』と異なり、米国の歯科の教科書を底本としている点、佐藤は大連時代に学生教育ということを意識し始めていたように思われる。

この後、「ひどいメニエールに苦しめられていた」とされるが、帰国の原因となった体調不良も、過労とストレスが引き金になるというその病気に関係したものだったと思われる。明治四十四年六月に満鉄大連医院奉天分院内に専門学校として開校した南満医学堂（一九二二年に医科大学となる）の教授職の辞令を受けたが、再び満州に渡ることなく翌年九月にこれを自ら辞している。そして十一月には石原の推挙で文部省歯科医術開業試験委員となる。試験委員は、奏任官《そうにん》[*2]である。奏任官とは、天皇陛下に任用される官職であるが、この時代、新

＊1　シェッフ（Julius Scheff）の歯科全書（Handbuch der Zahnheilkunde）、カーク（Edward C Kirk）の American text-book of operative dentistry、ターナー（Charles R Turner）の American text-book of prosthetic dentistry などの米国歯科教科書に準じ、歯の解剖はブラック（GV Black）の Descriptive Anatomy of the Human Teeth など基本図書を種本にした。

＊2　奏任官・天皇の任命大権の委任という形式を採って内閣総理大臣が任命する官職。

政府が数々の近代化の改革を天皇の絶対的権威の下に断行したために、試験委員の権威たるや絶大なものだった。医術開業試験の歯科試験委員には、初代（明治十七年）医師・三潴《みずま》謙三[*1]、井野春《しゅん》毅《き》[*2]、翌年に高山紀齋、そして伊澤道盛[*3]と当代一二を争う医師資格をもった歯科医が任用されてきた。そもそも歯科医は、国家の官職に縁がないので、政府の高等官である試験委員は特別な権威職と受けとめられていた。逆にその権威を嫌って推薦を断った小幡英之助の例もある。前任者は石原久とともに、宮内省侍医にして日本歯科医学会会長だった伊澤信平である。伊澤信平の養父道盛が明治十九〜二十六年のあしかけ八年、養父に代わって信平は約十年間試験委員のポジションにあったが、明治四十四年に伊澤家父子二代十八年にわたる試験委員を辞任した。

この伊澤の試験委員辞任は、あるスキャンダルが原因だった。スタンダード式歯冠継続術《しかんけいぞくじゅつ》試験問題事件と呼ばれるものである。この年の春の歯科医師検定試験に「スタンダード式齒冠繼續術ヲ說明セヨ」という問題が出された。〇〇式という名称の〇〇は、通常は発明者名だが、この場合は出題者の自己流のネーミングだった。スタンダードクラスプという用語があったので、連想としてはありうるが、試験問題となると話は別である。受験者は回答に窮し、受験生の間でちょっとした話題になった。これを耳にした『歯科評論』の寺木定芳が、『時事新報』の記者に記事を書かせた。さらに試験問題に抗議する受験生の学生大会を呼びかけて集会を開き、再びこれを記事にした。(17)

マッチポンプ式につくられた騒ぎであったが、文部省は該当問題の取り消しと再試験にまで追い込まれた。出題者の伊澤信平は、騒ぎが大きくなったため自ら申し出て委員を辞職した。このために試験委員に空席が生まれ、そこに石原久の推薦で佐藤運雄が就いたのである。

後に、このスタンダード式の事件が話題になったとき、佐藤は手厳しいコメントをしている。「(スタンダード式は)自分でそういうので講義しておったのだ。あれは悪かったね。[18]」「伊澤信平が毎週だったか隔週だったか忘れたけれども、講義をしておった歯科器械学というのがね、あれはねコスモスがくるでしょう。それに新しいトピックがあった。それを持って行って、講義しておった。[18]」漫然と米国から届く雑誌から記事を拾って講義に使う、そのような伊澤の怠惰が引き起こし

＊1　三潴謙三・一八五二(嘉永五)〜一八九四(明治二十七)年、出羽米沢藩の藩医の家に生まれ、東京医学校を卒業。東京病院でシュルツェの助手となり、明治八年ジフテリアの治験報告で世界に先がけて細菌(ピルツ)原因説を主張したことで知られる。

＊2　井野春毅・一八五二(嘉永五)〜一九一二(大正元)年、熊本医学校卒、西南の役に軍医として従軍し、警視庁警察医となるが歯科を学び、神田に開業。試験委員の後、最初の宮内省歯科侍医となる。熊本市、ウラジオストック、ハバロフスク、上海などで開業した。

＊3　伊澤道盛・一八四〇(天保十一)〜一八九六(明治二九)年、歯科医術を原書にて独習、築地に歯科を開業した小幡英之助に頼み込んで弟子となり医術開業試験により医師となり、京橋区尾張町に開業、明治二十六年に最初の歯科医団体である東京歯科醫會を創設した。

た問題だという意味だろう。

なるほど、この事件は寺木のマッチポンプで大事件になったという側面はあるが、試験委員という官に対する民の小さな反逆とみることもできる。この後に紹介する血脇宛の手紙に、佐藤が試験委員になることを血脇に諫《いさ》められたことが書かれているが、歴代の委員は帝国大学出で、天皇の侍医である。その官職は、私立学校で受験生を抱える血脇にすれば、向こう側の権威・権力である。その官職に、民も民、米国で教育を受けたとはいえ中学を出たか出ないかも怪しい在野の佐藤がつくことは間違っていると考えたのであろう。血脇は、佐藤を官から自分の側、民の方に引き寄せようとしていたに違いない。

たしかに満州から病気を理由に帰国した佐藤の試験委員就任は、広く賛同を得るものではなかった。富士見町（共立歯科医学院）の夜学に通いながら佐藤の始めた夜学にもぐり込んだという金井喜平治は「（金井の周囲では）石原先生が試験委員に拾ったといっていました。ところが、試験委員になられてから、佐藤先生はあんまり辛辣なので、試験委員仲間でも評判が悪かった。」（括弧内は引用者追記）と当時の世評を伝えている。(19)

伊澤は試験委員だけでなく、日本歯科医学会会長職も辞すことになるが、翌明治四十五年の総会で、大御所の榎本積一は伊澤に代わる新会長に血脇を推した。歯科医師法の制定に続いて日本聯合歯科医会の設立に絶大なリーダーシップを発揮した血脇を措いて他にリーダーたるべき者はいないという主張だった。血脇は「自分は学術面ではあまり努力したとはいえない」と遠慮したと伝えられるが、結局二代目の会長職に就いたのである。

開業歯科医としての佐藤運雄

翌一九一三（大正二）年六月　養父佐藤重が亡くなった。運雄は、ここで初めて弥左衛門町の歯科医院を継ぐ。

「……おやじは後を継がせようと思っていたんだし、ぼくは継がされまいと考えていたんだね[20]」

明治四十三年六月に帰国してから、養父佐藤重とともに診療所に立ったが、その期間は短かった。ちょうど三年後の六月に養父は五十六歳で病没した。

養父佐藤重が亡くなって、弥左衛門町の佐藤歯科医院を継ぐことになったが、医院を継ぐということはその借財を継ぐということを意味した。もっとも歯科医院を継がなければ、相続した借財を弁済する方法もなかった。東洋歯科学校の最初期の学生だった佐々木重衛門は、「わたくしが尊敬していた先輩（海老原堅）が、佐藤先生が東洋歯科をつくった頃には非常に借金が多くて、苦しんでおられた話をしていましたよ。『僕だったら、佐藤君のように借金したら気が違うだろうなあ』と、こういっておられました[21]」と伝えている。満州から帰国した理由は、体調不良とされているが、この借金返済問題も関係していた可能性がある。

いずれにせよ大正初期の佐藤運雄は、開業歯科医佐藤運雄である。

銀座の佐藤歯科医院は、盛況であった。当時の歯科医がたいして裕福ではなかったという話で、

「ぼくが東京で一番だって二万五千円だったね。」

(インタビュアー小林辰之助)「当時(明治四十年代)二万五千円あると、現在(昭和三十六年)でいうと月三十万や五十万の生活が出来たわけですね。」

「そん位になるだろう。そのかわり徳力から調べに来てね、ぼくが月に金を八十匁《もんめ》*使うから金を輸出しているんじゃないかと言われたことがあったがね。」(括弧内引用者追記)

(インタビュアー小林)「八十匁使うとなると、月に百五十本か二百本。」

「そうだ。ブリッジもだね。[22]」

月に二百本のクラウンというから、一日あたり約八本になる。この当時は、金合金の板を使ったバンド冠で、下手な鋳造冠などより歯頸《しけい》部の適合は良かったというが、それだけ手間もかかった。とんでもない数である。

「その当時、京橋から新橋までの間の家で、ぼくを知らなかった奴は一人もいなかったな。」

(インタビュアー小林)「それは歯科医としてですか」

「それは言えないね。」……

「いろんな意味でね、兎に角、銀座や築地あたりの料理屋、待合、ああゆうところの奴は皆んな来ていたんだ役者でもね。……ぼくの処へ入って来るだろう。運雄さんおいでですか、とくるんだ。その時分、五人組とかいうのがいてね、いい奴が五人いたんだ。運雄さんおいでですかと入って来やがるんだよ。アッハッハッ……

……当時の芸者の一流の奴はみんなぼくのところへ来たんだ。だけどね、芸者という奴は決して診てやらないんだ。代診にやらすんだよ。……芸者を診てやるとね座敷へ行った時に商売の話をしやがったりなにかしてうるさいやな、どうせ金を取る気はないんだしね。面白くないから、ぼくは診たことがないんだよ。すると女中が一緒に来て、先生、今日は是非診てやってくださいというんだ、だけどダメ、第一いそがしいやなぼくは。(23)」

一九一五(大正四)年、弥左衛門町の診療所で三十人ほどを集めた検定試験受験生相手の講習会を始めた。これを「臨床試問会」と称した。満州から帰った遠藤至六郎、シカゴから帰った川合渉が開業の傍らこれに合流した。「学校をつくる」という念願が実現に向けて動き始めたのである。

＊　八十匁は三百グラム。

第5章引用文献
（1）今田見信「東洋歯科医学校設立について　血脇守之助に送った佐藤運雄の手紙　附・佐藤運雄の満鉄就任のいきさつ」『日本歯科医史学会々誌』1巻（1）、一九七三年
（2）佐藤運雄、栖原六郎、穂坂恒夫、関根永滋、山田平太「佐藤運雄先生　若き時代を語る」『日本歯科医師会雑誌』11巻（10）、５７３頁、一九五九年（以下、『日歯会誌』11巻（10）、X頁、一九五九年年）
（3）工藤逸郎ほか「東洋歯科医学専門学校の日本大学への合併迄の経緯とその後の展開―主な関係者と関係書類を中心に―」『日本歯科医史学会々誌』24巻（2）、１４５～１５６頁、二〇〇一年
（4）藤原政行「官僚養成制度と私立法律学校への統制について」『教育学雑誌』28号、１６３～１７４頁、一九九四年
（5）吉澤信夫ほか「東京歯科大学が各種学校から専門学校昇格に至る歴史的背景（2）歯科医師法と歯科医育制度の法制化」『歯科学報』１１３巻（2）、二〇一三年
（6）寺木定芳ほか「座談会 佐藤運雄先生を偲んで」『生誕百年記念誌』、１００頁、日本大学歯学部 佐藤会、一九八二年
（7）鈴木勝ほか「座談会 東洋歯科医学校の追憶」『歯学部六十年史』、３１９頁、一九六八年
（8）國満津「二元論者は国民医療完遂の敵であり吾人歯科医師の敵である」『歯科公報』３（18）、16頁、一九四二年
（9）中原泉「歯科医学史の検証」61頁、一世出版、東京、二〇〇二年
（10）加來洋子、山口秀紀、卯田昭夫、石橋肇、渋谷鉱、谷津三雄「今田見信が俯瞰していた医歯一元論・二元論――日本齒科學性格研究資料類纂　歯科公報（昭和16年）より」『日本歯科医史学会々誌』27（2）、１２８～１３５頁、二〇〇七年
（11）麻田雅文「中東鉄道とダーリニー（大連）港の教典１８９８～１９０４年、スラブ研究Ｎｏ・55、１８３～２１８頁、二〇〇八年
（12）宮本康子「日本大学歯学部と川合渉」『日本歯科医史学会第26回学術大会講演事後抄録』、２６１頁、一九九八年
（13）横地秀雄「座談会」『歯学部六十年史』、３１１頁
（14）『血脇守之助傳』、１２９～１３５頁
（15）『新報』２巻（8）、一九〇九年八月

(16)河邊清治「清治パトロール第11回佐藤運雄」『歯界展望』17（1）、71頁、一九六〇年（以下、『歯界展望』17（1）、一九六〇年）
(17)鈴木祥井『寺木だあ！　明治・大正・昭和　三代を駆けぬけた歯科医』、71～79頁、口腔保健協会、東京、二〇〇九年
(18)『日歯会誌』11巻（10）、574頁、一九五九年
(19)金井喜平次ほか「座談会 東洋歯科医学校の追憶」『歯学部六十年史』、320頁、一九六八年
(20)佐藤運雄、小林辰之助「楽苦我記放談シリーズ 思い出ばなし よもや万（二）」、『楽苦我記』、18頁、小林歯科産業、一九六一年（以下、『楽苦我記』（二）、X頁、一九六一年）
(21)座談会・佐々木重衛門ほか「座談会 東洋歯科医学校の追憶」『歯学部六十年史』319頁、一九六八年
(22)『楽苦我記』（二）、20頁、一九六一年
(23)『楽苦我記』（二）、18頁、一九六一年

6章　三崎町派・富士見町派さらに東大歯科の対立

三崎町と東大の板挟み

東洋歯科医学校の設立を目前に控えて佐藤運雄が血脇守之助に送った手紙が、東京歯科大学に残されている。この当時、佐藤が抱えていた諸事情を詳しく伝える一級の資料である。

この書状を理解するためには、この当時の佐藤が、どのような力学のなかにあったかを概略知っておかなければならない。佐藤は、米国から帰朝直後に血脇の来訪を受けたが、それよりひと足早く石原にシカゴでスカウトされていた。以来、三崎町と東大の板挟み状態にあった。

佐藤にとって、三崎町と東大の板挟みとは、両側から学校に勤めることを求められたというだけの意味だった。しかし、世間は、そう見なかった。民か官か、医科からの歯科の独立か隷属か、というこの時代の歯科医にとって抜き差しならないアイデンティティの対立の渦中で、両側から引き裂かれていたのである。

三崎町系列雑誌の石原嫌いは、この頃に始まったことではないが、大正四年一月、東京帝国大学の歯科が講座となり石原が教授になると、石原はいやがうえにも官僚歯科の代表として矢面に立たされることになった。この歯科講座では、新たに技工学など歯科医に必要な学課を講義することとなり、歯科教室設立から十二年を経て、ようやく外科学教室から独立したのであるが、折も折、歯科医師法改正の議論で沸き立っている最中で、『歯科評論』や『歯界時報』はこぞって毎号のように石原を揶揄し批難し、時には攻撃した。

三崎町派ばかりではない。むしろもっとも厳しく石原を非難したのは、かつて石原を顧問に招き帝国大学の歯科に期待を寄せた中原市五郎だったかもしれない。中原が主幹する『齒科新報』は、東京帝大歯科講座の開設を「此の杜撰《ずさん》なる歯科講座を開かしめらるるに同意せんとは、氏たるもの何ぞ進んで斯かる姑息《こそく》なる施設を根本的に排し去らざりしぞ。」と手厳しい。石原への期待があっただけに形ばかりの歯科講座の設置に落胆は大きく、「之を以て大学出身者が今後に於ける歯科開業の口実たらしめんとするものの如し之実に由々しき一大事件にあらずや」[1]とこの種の医科プラスアルファという程度の安直な歯科講座が京都帝大にも、九州帝大にも出来て、医者が歯医者を兼業できる口実になっては困る。中原は、帝国大学の貧弱な歯科講座が歯科医学の独自性を軽視し、一般医師の歯科開業を正当化する根拠になることを深く憂《うれ》いたのである。中原の関心事は、一貫して歯科医の地位ということにあるので、帝大に歯科が設置されたことは大賛成、しかしそこで形ばかりの教育で医者が歯科医業をできるようになるなら絶対反対となるのである。

「歯科医師法の改正を促す」

ここで一般医師の歯科開業の問題、すなわち医師と歯科医師の業権の対立について、少し踏み込んでおかなければならない。それというのも医学－歯学二元論が大雑把に言えば石原久の一元論から奥村鶴吉の二元論に至るX軸の穏やかな拡がりだとすれば、業権の対立はそれとは別次元の医師と歯科医師の厳しいアイデンティティの対立軸として現れてくるからである。その極をつくるのは中原市五郎であった。

その厳しいアイデンティティの対立を浮き彫りにしたのは、歯科医師法の改正をめぐる争いである。ちょうど東洋歯科医学校の設立と前後して開業歯科医の間では、歯科医師法の改正をめぐる議論が沸騰《ふっとう》していた。この議論では、中原市五郎が先手をとった。

この歯科医師法の改正（第2次歯科医師法改正*）は、歯科医にとって屈辱的な大審院判決のリベンジであった。医師の歯科医業を可とするか、不可とするかが争われた裁判で、大審院は一九〇七（明治四十）年八月に「歯科医師の免許は唯歯科医たるに留まり医業を為すことを得ざるも、普通医師の免許を有する者は当然歯科医業を為すことを得」という判決を下した。ひと言で言えば「歯科医師法は、医師の歯科医業を禁止しない」（明治四十一年内務省見解）という解釈だ。この大審院判決は、血脇が、医師法の立法化に遅れることなく大車輪の議会工作で歯科医師法を成立させた翌年の出来事である。血脇にとっては予想していたものとはいえ、法律の公布翌年の大審院判決は、歯科医師法の成立を憲法発布のようにありがたがった歯科医らにとって、余りにも屈辱的な出来事だった。

血脇はおそらく当初からこの問題が起こることを想定していた。そもそも明治三十九年三月に衆議院に提出された当初の歯科医師法案は、「第二条　医師ニシテ歯科医業ヲ営マムトスルモノハ……」文部大臣の選任した委員によって、その学力を検定させる、という条文だったからである。医者も歯科の試験に合格しなければ歯科診療はできない、という規定である。この一文は、法案が本会議に提案されるときには削除されていた。この事情について、日本歯科医会総会における血脇理事の報告は、「なお不安な点があったので法律家に相談したところ、『医師にして云々』ということは入れないほうがよい。医師法とは別に歯科医師法ができれば、その間には歴然とした区別ができる。」そのため医師が歯科医師の業務を行うことは裁判で争えば足りると助言を受けていた[2]と述べている。後日のエクスキューズとも考えられるが、血脇は立法段階で第二条を争うことは、医師団体との不要な対立を生んで法案の成立を遅らせることになりかねず、得策ではないと考えたのであろう。明治医会と共同歩調をとるという血脇の姿勢は変わらなかった。

現実はどうだったか、一九一二（明治四十五）年に神戸の士族、入歯細工職石田鉄之助ほか四十五名によって帝国議会衆議院に提出された歯科技術師設置の請願が、いわゆる無免許歯科医の

＊　第1次の歯科医師法改正は、明治四十二年。広告規制とともに診療録の保存期間を十年とした。この時点では、医師は眼科、耳鼻科と同じく歯科診療を開業することができた。歯科医師は、歯科以外の開業が許されない。歯科医師側では、この不平等に不満を募らせ、第2次改正に発展した。

視点から見た当時の事情を教えている。この請願は、無免許の歯科医が歯科技術師という資格の創設を求めたものだが、歯科医の数が少なく「其の不足は毎に当局者が歯科医業者として検挙処断する者に依りて補充せられ、其の数三千を下らず」としている。(3) 無免許歯科医が、これまで三千人以上検挙されているというのである。その検挙者三千人以上という数が、どの期間のことか分からないが、歯科医の有資格者数が八千九百名の時代だから、少なくない数である。さらに、この請願趣旨書は、今歯科医として認められている者の中にも、明治十八年の取締法発布*の際に入歯歯抜口中療治の鑑札を受けていた者が行政の酌量で歯科医となった例がある。免許があろうがなかろうが技術には差がないとかなり乱暴な論理である。この記事を載せている『歯科新報』は、「かりそめにも人体の歯牙問題なり」と、この請願者らの法軽視と非常識を厳しく非難しているが、こうした市中の歯科医業の実態が、歯科医の社会的地位を貶《おとし》めていたことは想像に難くない。

こうしている間にも、一般医師による歯科診療の是非が再び法廷で争われた。明治四十三年に横浜地裁で争われたいわゆる横浜事件である。横浜の一般医師が、患者の歯肉を切開し治療費を領収した事案だが、一人の歯科医師がこれを告発し、横浜地裁では歯科医師側が敗訴したものの東京控訴院で一転歯科医師側が勝訴となった。東京控訴院は、「(医術開業試験規定の) 歯科試験科目は医師の試験と全く其の種類を異にせり」とし、歯科医師法第一条を根拠に医師の歯科治療を不法行為としたのである。

中原市五郎主幹の『齒科新報』は、明治四十四年三月、「社説・歯科医師法の改正を促す[4]」で、「普通医師対歯科医師の業権の範囲が確然規定」するために歯科医師法の改正をすべきだとし、同法第一条四項に「歯科医師は文部大臣の指定したる歯科医学専門学校を卒業したるもの及び医学校に於いて特に歯科医学を修めたるものとす。」の一項を加えることを提案した。中原が専門学校設置認可を受けてからわずか一年七ヵ月、医術開業試験免除の指定校になって九ヵ月後のことである。

医師の歯科医業を違法とするためには、歯科医師が医師から独立した法的身分でなければならない。議論のポイントは、歯科医は医師の部分集合か、それとも医師から独立した領域をもつのか、というところにあった。歯科医が医師の一部ならば、医師の歯科医業を禁じる理屈はない。明治四十年の大審院判決は「歯科は……眼科耳鼻咽喉科と同じく医科の範囲に属す」とする根拠として、医術開業試験の試験科目について歯科医の科目は普通医師の試験科目に含まれるという事実をあげている。[5]試験科目の整備は血脇らにとっては懸案事項で、明治三十九年三月には歯科医師試験規則改正の建議を文部省に提出、この大審院判決から六年後（大正二年）には歯科医師試験規則の制定にこぎ着けている。

＊　明治十八年三月入歯歯抜口中療治接骨営業者取締方。

歯科医師法改正のポイントは、医師から独立した専門職であることを法的に確立すること、すなわち医師から独立した領域を法的に確立することであった。医師のテリトリーからはみ出す独立部分が学問として確立されているならば、歯科医は医師の一部ではなく、従って医師は歯科医業を営めないことになる。独立分科の鍵は、医師のテリトリーからはみ出す独立部分の確立であった。この当時、口腔衛生と歯科技工が、独立部分と考えられた。因みに、日本聯合歯科医会は「歯の衛生」と題する小冊子を大正元年に刊行し、公衆の歯科衛生啓蒙活動を始めている。血脇は、大正二年に『歯科醫師必携』を出版し、はしがきに「社会の公人として起つ以上は単に其専門の学術に堪《かん》能《のう》ならんことを勉むる」だけでなく「法経済の概念を了得しておくことは最も必要の事」と述べ、歯科医療界の社会常識の底上げを意図している。歯科医の規範意識や倫理観を高めることは、歯科医の社会的地位向上の第一条件である。歯科医の意識改革と歯科医師法の改正は車の両輪というのが血脇らの状況認識であっただろう。

さらに一九一四（大正三）年六月、日本聯合歯科医会の榎本積一、血脇守之助は歯科選出議員石塚三郎とともに内務大臣大隈重信に「医師の歯科医業を禁じ、医師で歯科医業を行いたい者には特例を設けて受験資格と受験課目を定めることを求める」旨の陳情書を提出した。歯科医師法にできた穴を塞ぐ。医師が歯科医業をするには、歯科の試験を受けることにさせようという提案だ。これに対して、衛生局長は、「免許を受けずに歯科医師と称すること、紛らわしい標札を掲げることを好ましくない」とする通達を出したが、「医師は歯科医師と称するを得ざるも歯科医業を為すことを得」とし、医師の歯科診療を可とした。当然のことだが、行政には医師団体の政治家も圧力をかけている。行政は標榜と医業とを切り離して、この問題を切り抜けた。

そして横浜事件の控訴審判決は、再び大審院で覆された。裁判で争えばよいとする血脇の楽観は、苦もなく押しつぶされたのである。中原の『歯科新報』は、この大審院での敗訴について「今や帝国の国法たる歯科医師法は一片死灰の如き空文となり了《おお》せり。(6)」と書いた。

「吾人は何人をも恨むにあらず、只吾人は吾人の職業の保安たる齒科醫師法が全く彼の大審院の法廷に於いて蹂躙《じゅうりん》し悉《つ》くされたるの一事を銘記すれば足れりとす。」大審院で負けた以上は、歯科医師法の改正しかない。そもそも歯科医師法は、業権について曖昧な欠陥品だという主張である。

そこで日本歯科医専の校友会は、歯科医師法改正期成同盟会を結成し、帝国議会に改正案を提出する動きに出た。聯合歯科医会は、この期成同盟側と改正案の修正を求めて話し合いをもったがまとまらず、結局、聯合歯科医会側も帝国議会に改正案を提出した。

もっとも中原らの期成同盟は、ロビー活動の経験は乏しかったらしく「同盟会総理中原市五郎氏の如きは殆んど哺《ほ》を吐《は》き髪を握るの多忙*を以て東奔西馳《とうほんせいち》、代議士との交渉を重ね(6)」ようやく二人の

* 吐哺握髪《とほあくはつ》　人と会うために洗いかけの髪を握り、口の中の食べ物を吐き出してでもすぐに会う努力をすること。

議員（清水市太郎、根本正）を選んで、改正案の帝国議会提出（大正三年十二月）にこぎ着けたのである。『歯科新報』は翌年（大正四年）一月号の全ページを歯科医師法改正の議会記事で埋めた。

結局、歯科グループから二つの歯科医師法改正案が帝国議会に提出されるというドタバタ劇を演じたのである。聯合歯科医会と期成同盟、大雑把に言えば三崎町派と富士見町派であるが、互いに向こうが邪魔をした、報告が狡猾だと言葉を極めて批難しあった。[7] 今となっては、事実関係は闇の中である。

この時点で、「医師の資格で歯科医業を営んでいたもの」は全国に百四十九人、[8] ここには口中医の鑑札をもった医師が含まれていた。東大歯科の医師たちも、形ばかりとはいえ歯科の教育を受けていた。このため、この歯科医師法改正案によって、影響を受ける医師は極めて少数だったはずだが、医師側はこの既得権の侵害に強く反発、全国聯合医師会は全国大会で反対の決議を満場一致で可決し、各地の地方委員が選出国会議員に反対を陳情する運動を起こした。

医師と歯科医師が、四つに組んだのでは政治力で歯科医に勝ち目はない。結果は無残なもので、期成同盟の歯科医師法改正案は、政府委員の反対に遭い議会特別委員会で流産、聯合歯科医会案も議会の解散のために審議未了で店ざらしになった。しかし、聯合歯科医会は改正案の審議を重ね、改めて大正五年一月に衆議院に改正案を提出、同年九月内務省令医師資格制限の件とともにようやく改正歯科医師法が公布された。

この第2次歯科医師法改正によって、医師が「歯科医師」を標榜し、歯科医業を営むには内務大臣の許可を受けることが求められるようになった。同時に、第一条歯科医師資格の一号の「歯科医学校」は「歯科医学専門学校」となった。

既に述べたが、明治三十九年の立法に際して、当初の法案では、第一条一号は「歯科医学専門学校」だったのである。これが特段の議論なく公布時に、「歯科医学校」に書き換えられた。この当時、文部省内に医学教育に関する明確な方針はなく[9]、民間の自律的努力を追いかけるかたちで規則が生まれていたようだが、歯科側すなわち血脇の陣営では医師法と同格の扱いとすることを根幹にしていたので、まだ専門学校が1校もない段階で、制度を先取りするような法律の当初案がつくられたのだった。結局、十年を経て、歯科専門学校修了を資格要件とする当初案は現実のものとなった。

血脇は歯科医自身が臨床だけでなく、医業とそれを支える法律にも明るくなければ同じ轍を踏むと考えたに違いない。先の『歯科醫師必携』に続き、第2次改正のこの時期に、医術開業試験規則はじめ医育行政法規、刑法、医事行政法規、薬事法規を全国の歯科医師名簿、市町村別歯科開業医数とともに廉価な一冊とした『歯科醫師寶典』[10]（大正五年十月）を出版している。私たちは、この宝典の記録で日本歯科医学会や日本聯合歯科医会の成立経緯・活動を詳細に知ることができる。因みに、宝典の教育機関の項には、東京帝国大学医科大学歯科講座を筆頭に置き、血脇と中原の二つの専門学校に加えて、神田の「東京女子齒科醫學校」（校長・大久保潛龍）、「大阪齒科醫學校」（校長・緒方六治）、愛知、広島、京都の各歯科医学校とならんで、この本の出版半年前に設立された「東洋齒科醫學校」（日本橋区坂本町・校長ドクトル佐藤運雄）の名前を見ることができるのである。

三崎町派も富士見町派も石原批判

医師と歯科医師の業権を画然と分けようという歯科医師法改正の議論で、論壇は沸いていたのだが、そのとき歯科医師開業試験の試験委員であり、唯一の官学歯科の長でありながら、歯科医師の資格をもたない石原久が標的にならないわけにはいかなかった。試験問題に不満があれば、矛先は当然試験委員の長と目される石原の責任追及に向かう。

「此頃不当問題の續出は普通醫なる石原さんがあるからだ。學生の恨みは石原さん一人を目がけている、スタンダード事件の時も当然責を引くべき当人が居座って伊澤一人をおんだし、甚《はなは》だけしからん、今度も出題者の某々歯科醫をだして、代わりに大學の北村と宮原を入れそうだという評判があります、學生は時期あらば齒科醫學界の為め石原さんを暗打《やみうち》すると極言してゐるのがあります。(11)」

そもそも東大歯科では高い治療費をとって、すべて無資格の「技工手」に治療をさせていた。歯科医ではなく医者でしかない者が歯科試験委員としてふんぞり返っているのが腐敗の根源だ。この頃、圧倒的多数派となった試験免状の歯科医たちには、そもそも医師でしかない石原が歯科の官界の長にあることが面白くない。それを言葉を極めて非難すれば、雑誌はそれだけで読者を喜ばせることができた。三崎町派も富士見町派もこぞって石原批判を繰り広げた。

この当時、佐藤運雄は、石原久に与《くみ》する者と見做されてはいたが、その人格温容のためもあって、大学、三崎町、富士見町の三者の対立の局外にいた。

「何時だったか記憶にはないが、石原、中原、血脇先生を前にして、私は次のような演説を試みたことがあった。『私たちは三先生からケンカをすることを教えていただいた。そしてそのために私達は大いに進歩発達の意義を知った。然し今日は既にケンカがある状態とは思えない。どうか仲良くすることによって更に前進することを教えていただきたい。そしてその大きな道を示していただきたい。』当時の青年歯科学徒を代表したつもりの演説であったが、今にして思えば自分ながら微笑ましくなるし、又現在でもその真理は十分根拠があると思っている。[12]」

しかし、東洋歯科医学校を設立し、旗色を明らかにした佐藤運雄が、局外に立つことは許されなくなった。

第6章引用文献

（1）『歯科新報』8巻（1）、5～6頁、一九一五年
（2）日本歯科医師会編『歯科醫事衛生史』前巻、318頁、日本歯科医師会、東京、一九四〇年
（3）雑報「歯科技術師設置の請願」『歯科新報』5巻（3）、53頁、一九一二年
（4）社説「歯科医師法の改正を促す」『歯科新報』4巻（3）、1頁、一九一一年三月
（5）高木武「医師・歯科医師の法規の沿革と判例・判示の研究」『東洋法学』38（1）、224頁、一九九四年
（6）『歯科新報』大正四年一月号、一九一五年
（7）『歯科評論』57号、7頁
（8）『歯科學報』21巻（2）、79頁
（9）入澤達吉「医師法制定の由来」『中外医事新報』1154号、613～626頁、一九二九年
（10）血脇守之助編集兼発行『歯科醫師寶典』、歯科學報社、一九一六年10月
（11）『歯科評論』48号、17頁、一九一四年
（12）佐藤運雄「五十周年を迎えて」、『日本歯科医師会雑誌』6巻（2）、一九五三年

7章　血脇大人への手紙

夜学を始める直前、血脇に宛てた書状

佐藤運雄が血脇守之助に送った手紙は、薄い美濃紙の巻紙に、気持ちに任せて細筆を走らせた書状である。

佐藤は、後に教育を論じる文脈で、「たとえば葉書を書くということは誰でも一応書けるですよ。だけれども金釘流《かなくぎ》で書いてあるのと、立派な書体で書いた葉書とは違いますね。(1)」と、立派な書体で書いた葉書は重みが違うと語っている。佐藤は達者な筆で書いた書状の重みというものを強く意識していた。

血脇を知る人に託したものだろうか、書状に住所の記載はなく封筒の表には「血脇大人 親展」、裏書きには「四月七日」とある。大正五年、夜学を始める直前（十一日前）になって、世間の非難がましい噂が気になり、思い余って血脇に送ったものと思われる内容である。立派な筆ながら、誤字宛て字も少なくない。誰もが泰然温容と評すいつもの佐藤であれば、決して書かないようなことをくどくどと書いて冗長《じょうちょう》である。

この書状は、血脇の周囲では知られていたものらしいが、書かなくていい繰り言を赤裸々に書いた文面に佐藤の苦慮が偲《しの》ばれ、血脇の誤解に対する屈折した表現には真意を推し量りがたいところがあって、生前に公にすることはためらわれたのであろう。佐藤運雄没後の追悼座談会で話題に

なったことをきっかけに、今田見信が東京歯科大学の許可を得て公開した。(2)

近頃　世ニ彼之揣摩憶測を逞しうし……

書状は、「時下愈々御清栄　邦家の為め慶賀此事に御座候降而　小生亦無異消光罷在候間　乍他事御放念希上候」という定型の堅苦しい挨拶に続く、やや回りくどくへりくだった文章で始まる。筆致は柔らかく、形式張ってはいないのだが、候文《そうろうぶん》なので現代文に直す。*

〈血脇大人への書簡①〉

「さて、昨冬、奥村先生を通してお耳に入れましたように、今月から夜学校を開始する計画にあるのですが、近頃、世間では根拠のないあて推量で、私の気持ちを変に解釈するものがあるように伝え聞きますので、あるいはこの噂が血脇先生のお耳にも入り、ご心配を増すことがないかと思われますので、ここに本心を述べて後日の誤解を予防したいと願わずにおられません。ただし、ご承知のように、昨今の私の習癖で、直にお目にかかって詳細に述べることができませんことが残念ですが、それはいつものよしみでお許しを乞うのみでございます。」

＊　ここでは、東京歯科大学に保存されている書簡現物を参照し、現代訳とした（毛筆の読み取り方の違いのため、今田見信が公開している文章と幾つかの点で異なる。注記として手紙原文を忠実に書き起こした文章を示す）。

①原文「却説 昨冬 奥村兄を通し而 御耳に入れし如く本月より夜學校開始仕候計畫ニ有し候處 近頃 世ニ彼之揣摩憶測を逞ふし小生の心事を異様ニ解釈するものあるやに伝承仕候ニ付 或は此等の風説自然大人の御耳にも入り 御配慮を増す事あらんと存せられ候ニ付 此ニ一応微衷を開陳し而 後日の誤解を豫防致し度 希望ニ不堪候但御承知の如く昨今の小生の習癖直に拝趨御面唔委曲口述する能わさるを遺憾と致し候へとも其ハ 平生の厚誼により御寛恕を乞ふのみに御座候」

文面からは、開校が近づき、世間の良からぬ風評が血脇の耳に入って、血脇が心配しないように書いた手紙だということがうかがわれる。夜学校の開校は、多分に波乱ぶくみであった。

「世間では根拠のないあて推量で、私の気持ちを変に解釈するものがあるように伝え聞きます」（原文では「揣摩《しま》憶測を逞《たくま》しうし小生心事を異様ニ解釈するものあるやに伝承仕候」）「小生の心事（私の気持ち）」とは、血脇に対する敬慕の念であろう。しかし、夜学校を始めるということをもって、あれやこれやと根拠のない憶測が飛び交う。佐藤は二心ありやと怪しむ。佐藤は石原に与《くみ》するものだと吹聴《ふいちょう》する者が絶えない。

血脇の周囲、三崎町から疑いの目が向けられただけではなかった様子だ。おそらく、そうした世間の誤解を気に病むことが、彼の病状を悪化させていたのであろう。到底「直にお目にかかって詳細に述べる」ことができない。そして、そうできないことが彼をまた苦しめる。「昨今の私の習癖で」とは、病気で出かけることがままならない事情を敢えて病気を理由にするまいとして「習癖」

と表現しているのだ。

試験委員を辞めて、夜学校を始める

〈血脇大人への書簡②〉

「私が試験委員を辞めたことを愚かだと笑う人がいますが、私は元々試験委員をそれほど重大な役職と見なす者ではありません。学会なり医師会の理事あるいは評議員と何ら違いはないものだと信じていますので、試験委員を辞めるのに今更何も惜しいと思いません。もっともこの点に関しては、私の考え方は他の人と少し違いがあるかも知れません。かつて数年前に石原先生から相談があったとき、即座にその命《めい》を受諾して血脇先生からご忠告を受けたことは今なおよくよく私の記憶に残っていますが、それも全く私のこの誤った（？）見解にもとづくものでございます。さて、私の浅はかな頭脳をもってしては、どうしても試験委員をそのように重要なポジションだと信じることはできません。」

②原文「一友あり生の試験委員を辞する愚を笑ふあり、生素と試験委員を以而然かる重大なる職と見做すものにあらず 學會なり医師會の理事或ハ評議員と何等撰ふなきものなりと信する者ニして之を辞するに今更何等の惜氣も無之候 尤も此点に関し而は小生の見解ハ他人と少々相違あるやも存せられ候 曽而数年前 石原氏より相談ありし際 即生に拝命を諾し而 大人より御注告を受けし事ハ今尚克く生の記憶に遺る處に候へ

とも其も全く生の此誤まれる（？）見解に帰するなるべしと存じ候乍去生の浅薄なる頭脳を以而し而は如何にし而も試験委員を然かる重要なる位置なりとは信ずるを得さる事に候」（？は原文ママ）

この頃、折悪しく「不當問題事件」で、試験委員が辞職したばかりである。そういうときに辞めなくてもいい。スタンダード事件の時と同様に、学生大会が開かれ、そのまま文部省に押しかける騒ぎになった。論客前田慶次*は、「石原攻撃に満腔の気焔すさまじく」と書く、さすがに寺木定芳は今回は「徒《いたずら》に騒動すべからず」と呼びかけたが、このときは文部省側が学生たちの言い分をほぼ受け容れた。(3)

そもそも試験委員は、当時の開業歯科医にとって最上級の重要な官職である。しかし、佐藤はそうは思わない。就任するときも、そう思わないから血脇先生の忠告に背いて就任したのだし、辞任するときも、そう思わないから平気で辞任した。

試験委員は、国の医療制度にとって大事な仕事だから委員になれば精一杯やった。精一杯やったために、委員の間で不評を買った。この不評に対して、医術開業試験を自分の関心事の範囲で適当にしてしまうことのほうが、むしろ罪深いと佐藤は反論するだろう。医師会の役員と同じようなものだから、その職を受けることにも辞めることにも深い意味はないと書くときには、その官職をありがたがる一方で適当に試験問題をつくる者に厳しい目を向けている。父子二代十八年にわたって試験委員を務め、試験問題事件のスキャンダルで辞職した伊澤道盛・信平の権威を認めないだけでなく、その学問を軽んじる姿勢を厳しい目で見ていたのである。

佐藤は、試験委員をしながら、つくづく試験合格の歯科医の教養の低さを痛感し、系統的な教育をすること、ますます学校をつくることが自分の使命であると感じたに違いない。こういう次第だから、夜学校をつくるために試験委員を辞することは当然過ぎるほど当然のことだった。彼にとって、試験委員という官職の地位と夜学校を始めることでは、どちらが重いか、天秤にかけるまでもなかったのだ。

しかし、佐藤の懸念は、かつて試験委員の命を受けたときに血脇が忠告してきたように、今度はその試験委員を辞職することを血脇が愚かだと思うに違いない、そのことにあった。血脇は、愚かだと笑うかもしれない。そう思うから、「私の浅はかな頭脳をもってしては……信じることはできません。」と極端に屈折したもの言いになるのである。

〈血脇大人への書簡③〉

「ある人は、健康状態の良くない目下の私の状況ですから、夜学校の経営を試みるのはまさにその健康を悪くするようなことになることを心配する友情を示してくださいます。私は、常にその友情に対して涙するものでございます。そうなのですが、実際のところ学生相手の気苦労は、ちょっ

＊　前田慶次は一九一八（大正七）年に『歯界時報』を創刊し主幹となる。

とばかり年来の経験があり、また興味を感じることが少なくない私にとってはこの気苦労はそれほど苦痛ではありません。ご承知のとおり私がこの頃悩んでいる不慣れでまた全く興味のない金銭上の心配に比べれば少しも気にするようなものではないと考えています。とりもなおさず、少しでも学校経営によって残し得たものをもって毎月少しずつでも借金の返済に充てることができれば、どれほど愉快だろうかと今から楽しみにしているところです。

このように私は、現状のままよりも新たに夜学校を経営する方が、私にとってはより健康的だと考えているわけです。」

③原文「一友あり 健康の充実せさる目下の生の状況を以而夜学校経営を試みるハ正ニ其健康を増悪するに至らん事を憂ふるの情誼を示さるるあり生ハ毎に其友情ニ対し而泣くものに御座候　乍末実際の處 學生相手の心労ハ聊か年来の経験有之 且ハ興味を感する事少なからさる　小生に取り而は此方の心労ハ左程苦痛には無之　之を御承知の通り小生の昨今悩みつつある不慣れなる且何等の興味なき金銭上の心労に比すれば毫も意とするに足らさるものと自から考え居り候　即多少に而も學校経営ニより而残し得たる處を以而毎月漸徐に負債償却ニ供し得なば如何ニ愉快ならんと　今より楽しみ居り候次第に御座候　故に小生ハ現状を持続するよりも新に夜学校を経営する方が小生に取りてハより健康的なりと存じ居る次第に御座候」

「健康状態の良くない目下の状況」について、寺木は、「二年間くらい猛烈な神経衰弱をやって、そのころおられました大森のお宅からとにかく一人では弥左衛門町に来られなかったんです。ひどい神経衰弱でしたよ。(4)」と話している。

当時は、夏目漱石が神経衰弱のために倫敦《ロンドン》から呼び戻されたことや、漱石や芥川龍之介の作品が神経衰弱の産物であると語られ、知識人の陥る鬱《うつ》状態を神経衰弱と呼ぶものだった。文芸通の寺木は、その倣《なら》いで神経衰弱と呼んだものと思われる。

今田見信は「佐藤先生はとても心臓が悪くて（今のメニエール病とかいうやつ）、いつも京橋から人力車で通われていたんです。いつも護衛つきでね。」と語っている。

それを受けて金井喜平治は「世田谷に開業している西村（憲一）……そういう人たちがいつも護衛していた。それでもって、いつも和服でしたね、先生は。……白たびじゃありません。黒いたび(5)」と言う。

もう少し後のことだろうが、青木貞亮は「池之端の梶田家にもよく私ども招かれて行ったんですがその当時はいま寺木先生がいわれた、いわゆる神経衰弱の非常に盛んな時分で、お医者さんが必ず注射器を持って、始終次の間におったんですよ。(6)」とメニエールの発作を抱えながらお座敷遊びをしていたという嘘のような話をしている。いくつかの証言が符合するので、神経衰弱だったというのは確かな話だろう。

そう考えると、この手紙自体が、どこか精神の翳《かげ》りを感じさせるほどに回りくどい。世間の誤解、世間の目ではなく、実のところ血脇の誤解、血脇の目を過剰に意識している。

学校をつくることが、自分の病気にもいい、金銭上の苦労に比べれば、夜学校の経営上の気苦労などいかほどのものでもない。学生を教えることは、苦労どころか興味を感じることが少なくない。学生相手の気苦労は、東京歯科医学院で教えた経験から、むしろ興味を感じる。ここには血脇に対する謝意さえ含まれていないだろうか。

さらに夜学校が、かえって借金返済の資にさえなるだろうと、ひどく楽観的な観測をしているが、この楽観的な目論見とは異なり、東洋歯科医学校の設立は借金を増やすことにはなっても減らす結果とはならなかった。

想像の議論ではあろうが今田見信は、次のように言う。

「あの時は佐藤家の借金のうえに東洋歯科医学校建設のための借金がある。二重に借金を背負われた、ということでしょ……前の借金というのはお父さんの病気のためですか。……それと、二回火事に焼けておられるから、いくら流行医でもね……(7)。」

佐藤の精神の病いには、家の借金が影響していたのかもしれない。二回の火事は随分前の出来事なので解決済みだったはずだが、運雄が背負った佐藤家の借金はそれなりの金額だったものと思われる。佐藤運雄に借金は一生ついて回った。

「昭和六年に青莪堂という医院を今の八重洲口に先生は作ったんです。私（深沢竜之助）と桜井鉱先生の二人が副院長をやれということで佐藤先生の所に行ったんです。……当時先生には三十万*

の借金があった。その当時、誰かにだまされて借りた。それに利子が積もり積もって三十万円。それを返済するために青莪堂というものを置かれたが、やぶへびになった。」（深沢竜之助）[8] お金の問題で、騙《だま》された経験はこのときだけではなかった。佐藤には分かっていながら騙されてやるということがしばしばあった。

「三崎町派にそむく、石原系とむすぶ」

〈血脇大人への書簡④〉

「ある友人は、もっと大事に解釈して、私の今回の動きをもっていわゆる三崎町派にそむくものだと言います。このような党派があるかどうか、別にして問いませんが、とにかく私が血脇先生とその周りの人について、今更何の必要あって何の動機があってそむくものと言うのか、ずいぶん解釈に苦しみますが、顧みますと過去数年間私が学校（東京歯科医学専門学校）に何も関係しなかったことや血脇先生にお会いする機会が多くなかったこと、さらまた試験委員として働いたこと、こうしたことから推理されたものと思いますが、ご承知のとおり、これらのことはいずれも私の外出が思いどおりにならない健康状態に原因のあるもので、ほんの少しも悪意のないことは、血脇先生

＊　現在の貨幣価値に換算すると約一億八千万円

のよくご存じのことと信じております。私は、ものごとを見抜く力はありませんが、筒井順慶*を尊敬すべき人物ではないと信じています。私は、醫學院時代の私であって、何年経っても特に才能を高めることのできない頑固愚鈍の者でございます。たとえ他人は、私に対する友情において変わることがあるとしても、私は決して自分から旧知の方の情を忘れるものではありません。もし、私にどこか長所があるとすれば、それは純粋に善悪のわけへだてなく、節義を変えない点だとご承知下されたく思います。この点においては、決して人にひけを取らないつもりでございますので必ずともにご懸念くださいませんようにお願いします。」

④原文「一友あり 更に重大ニ解釈而 小生今回の擧を以而所謂三崎町派ニ叛むくものなりとなす 所謂此の如き黨派の存否ハ措而問ハず 兎ニ角小生が大人及其周囲人物ニ今更何の必要あり而如何なる動機によりて叛むくものとなすや聊か解釈に苦しむものニ候へども試みに顧みれば過去数年間小生が學校（専門学校）ニ何等の関係を有せさりし事や大人等に接触するの機會の多からさりし事や、将又試験委員とし而働きたりし事や此等の諸点よりし而推理せられしなるべしと雖も御承知の通り此等の諸点ハ何れも皆小生の外出不如意なる健康状態ニ帰すべきものにし而 毫も他意あるにあらさりし事大人の熟知せらる々義と信じ居り候 小生不明と雖も筒井順慶の尊敬すべき人物ならさるを信じ居候 小生ハ医學院時代の小生にし而 何年を経るとも敢而才能を増進し得さる頑鈍のものニ御座候 假令 他人は小生ニ対する友情ニ於而渝る事ありとも 小生ハ決し而自ら故旧の情を失ハさるものに御座候 若し小生ニ何等か見るへき点ありとせば其ハ單に善悪ともに節操を渝へさる点なりと御承知被下度候 此点に於而は決し而人後ニ墜ちさる積りニ

候事必ずともニ御懸念被下間敷候」

新たに夜学を始めるということが、血脇に向かって弓を引くことになるという非難には、どうしても反論しておかねばならない。アメリカから帰って三日目に「無名の士をわざわざ血脇先生が訪ねてくれた」その礼に背くようなことは絶対にしない。それが「醫學院時代の私」である。与えられた教職を、愚直に精魂込めて尽くした。

官学の石原を顧問に迎えて文部省の覚えを良くしようとした中原市五郎のやり方は、三崎町派の反感を買った。三崎町派はこの中原と運雄を石原派と見做した。血脇に会うことがなく、石原とともに試験委員として過ごしたことが誤解を生んだのだろうが、これは健康状態によるもので、いささかの悪意もない。ものごとを見抜く力はないが、日和見はしない。私は決して旧知の情を忘れない。切々と血脇に向かって訴えている。

学校をつくるそもそもの動機は、『齒牙充塡學』の序文に書いた「歯科学と一般医学との合体」にある。歯科医学の名称をめぐる奥村との論争を引き合いに、三崎町との対立をことさらに分別臭く解説するものもあったが、佐藤にしてみれば、奥村との議論は純粋に将来の学問がいかにあるべ

＊　ここでは、どちらにもつかず日和見を決め込む者。

きかという議論であって、過去に誌上に論争的な文章を発表したからと言って、夜学をつくることが三崎町派にそむくという話になろうはずがない。石原の推薦で試験委員になったことを、血脇の周辺では「向こう側についた」と受け止める者が多かった。そこに体調不良が重なって誤解が誤解を産んだ。

「外出が思いどおりにならない健康状態」について、寺木は深刻な状態だったと証言する。「すっかりやせ衰えて、私なんか佐藤さんという人は神経衰弱でだめになるのではないか、と思っておりました…」[9]

さきに、上野の池之端の梶田家で遊ぶときに、次の間に注射器をもった医師を従えていたという青木貞亮の話を引いたが、青木の学校は富士見町である。川合渉を長老格に、シカゴ歯科大学の留学経験者の青木はじめ北村二郎、後藤京平、黒沢佐太郎らがシカゴ会という名目で集まった。[10]「純粋にわけへだてなく、節義を変えない」ことは多くの後輩が証言するところである。

〈血脇大人への書簡⑤〉

「ある人は私が今回の行動によっていわゆる石原系と結託することが愚かなことだと笑うと言います。ご承知のように私は十五年前から石原氏に師事したもので、その人にどれほど敬服するかは別問題で、とにかく（東大の）医局にいた五年、満鉄にいた四年（ママ）、試験委員としての五年、いまだかつて離れたことはなく、決して今新たに関係を結ぶというわけではありません。もし、石原氏と結ぶのは駄目だと言う人がいるなら、それは十余年前に聞くべき忠告でした。私は、一度師事した人物に対しては、特別な理由がなければそむくのは正しくないと信じる者です。世間ではしばしば石原氏をもって人格があるかないか疑わしいとする者がありますが、私の見方は少々世間一般とは異なるところがあります。したがって、血脇先生に対すると同様に十余年離れた事がないというわけなのです。」

⑤原文「一友あり小生が今回の擧ニより所謂石原系と結ぶの愚を笑うと云う　御承知の如く小生ハ十五年以前より石原氏ニ師事したるものにし而　其人物ニ如何なる程度迠敬服するやハ別問題とし而　兎に角医局ニ於ける五年　満鉄ニありし四年　試験委員とし而の五年　未曾而離れたる事は無之　決し而今新ニ結ふと云う次第には無之　若し石原氏と結ふの不可なりと云うものあらば　其ハ十余年以前に聞くへかりし注告ニ御座候　小生ハ一度師事したる人物に対し而ハ特別なる理由のあるにあらされば相背むくの正しからさるを信ずるものニ候　世間往々石原氏を以而　人格の有無を疑ハしとなすもの有之候へども小生の観る處ハ少しく世間一般とは異なる處有之　従而大人ニ対する同じく十有余年間離れたる事なき次第に御座候」

この下りは、さらに意図するところが赤裸々である。この文章の直截《ちょくさい》ぶりから、「石原系と結託《けったく》することが愚かなことだ」という世間の評価に抗弁することが、この手紙のひとつの目的であったことがわかる。自分だけはそう考えてはいないと言っておくことが、この手紙のそもそもの趣旨ではなかったかと思われる。「一友あり」という書き方ではあるものの、手紙の相手は血脇だ。「石原系と結ぶ」ことについての血脇の評価に対して、どうしてもその評価を受け容れないと言うために書かれたものだと推測される。

「どれほど敬服するかは別問題で」（原文「如何なる程度迄敬服するやハ別問題とし而」）（石原を）敬服していない、敬服はしていないが、一旦師事した人にはそむかない。さらに、（石原氏には）「人格があるかないか疑わしい……」とは、ずいぶんの言いようであるが、血脇の耳にこのような評判が聞こえていることを、佐藤は十分に知っていた。そして、私の見方は違うと言う。

島峰徹が帰国してからというもの、東大歯科で、それまで沸々と渦巻いていた石原久への不満がかたちになって表れるようになった。その様子は、後輩の言葉の端から伝わっていたはずである。

後に東京高等歯科医学校創設の立役者となる長尾優を含む大学出身の医師三人が教室に入った一九一四（大正三）年当時、東大（医科大学）の歯科は、医局長の北村一郎はじめ三人の医科大学出身医師の医局員、それに嘱託歯科医の高橋直太郎（後の歯科医学会長）、介補という立場の歯科医三人を加える大きな所帯になっていた。しかし、この東大の歯科がそもそも教育機関ではなく診療機関であると考えれば無理もないことなのだが、この教室には大学を出た医師が入ってきたものの、その医師たちが歯科医師になるための教育はほとんど行われていなかった。

「指導方針などは当時全く、絶無というてよい……。いわば見様見真似で、最初の患者をやる、という有様で誠に心細い限りであった。[11]」（長尾優）。石原助教授（大正四年一月までは、教授なしの教室だった）がそもそも口腔外科の手術さえしないのだが、重要な「いわゆる紹介患者の補綴の仕事は、全部技工士がみておる」[11]要するに丸投げである。したがって「技工士であるだけの八木君（八木端）の教室内における隠然たる勢力というかあるいは彼のボス的存在というのが非常に目立っておった。」[11]（括弧内引用者追記）。石原助教授は、午前九時に人力車に乗って現れ、「多くはご自身の部屋におられた。時に外来を一巡されるが、殆ど何もせられない。患者がたよってこられる時があると、歯鏡とピンセットを持って口を診られ、介補の者主として三浦君に命じて治療せしむる。……十二時になると人力車が迎えに来る」[11]という有様で、こうした無為無策に対する医師教室員、同窓の憤懣は抑えがたいものになり、後には教室員だった医師全員が石原教授に対して辞職勧告書を提出するいわゆる桂冠勧告書事件にまで発展するのである。

このように東大歯科における石原教授の評判は酷いものだったが、この手紙で佐藤運雄は、石原に対する評価について、「私の見方は少々世間一般とは異なるところが」あると書くのである。

この手紙より少し後、島峰が文部省歯科病院長になり、長尾らも同病院の助手になって医科大学の歯科教室に寄りつかなくなった大正七年に、入れ替わるように東大歯科に入った栃原義人は、やはり介補という職位であったが、「石原教授のクリニックはどこ迄も重厚そのもの…（その）指導

＊　正しくは、文部省歯科医術開業試験附属病院

性は消極的で、たたかざる者には永久に路傍の石に等しかったが、求むれば、先生より受けるインスピレエションは萬古、高風を仰ぐ高僧のそれにも譬《たと》ふべきものがあった[12]」と書いている。やや時代がかった表現だが、見る者が違えば、同じものを見ていても見えるものは違うのである。栃原は、東京歯科医学専門学校を出た歯科医である。

思い起こせば、この東京帝国大学医科大学の歯科学教室は、血脇を代表とする官立歯科医学校設立の国会請願によって設置を促されたもので、佐藤三吉教授は、半ば文部省に押しつけられるような格好で、歯科学教室を開設したのであった。その後、「歯科医養成に関する建議案」が衆議院本会議で可決されたにもかかわらず、文部省が歯科医養成に動くことはなく、歯科外来をもつ教室に留まった。しかも文部省は、この歯科外来を診療収入を挙げるセクションと位置づけていたわけだから、石原にいささか同情の余地がないわけではない。

〈血脇大人への書簡⑥〉

「今回、私の集めることのできた教員のうちに石原系の者はいるが三崎町系の者はいないという疑いは、むだ口を言い立てる暇人のむだ話にあげるべき点のひとつであります。これは、単に自然の成り行きであることは、ご承知のとおりです。

まず私が学校経営を思い立って最初に相談したのは奥村先生です（十二月末）。次いで第二回目に相談した人は石原先生でございます（二月十日頃）。確かに私はどんなことを計画するにも血脇先生と石原先生のお二人に指導を受けることを義務とし、また特権と思っているものでして、自然に今回の行動でもお二人の賛同を得たことをもって同時に教師を選ぶ上で、お助けいただくことを希望しましたが、(東大の)医局には一流の助手たちが特別に仕事もなく比較的暇にしていましたので、すぐにこの人たちが、私がいっしょに働く者として推薦されたわけです。しかし、(東京歯科医学)専門学校にあっては、一流二流の教員らは皆校務に忙しく暇なく、従って奥村先生から話題に上がった方は、どなたもとても若い人で、他の教員との関係から私がお願いすることができなかったまでのことでございます。もし、相応しい教員を専門学校に求めることができますならば、即日でもその申し出を歓迎することは当然ですが、今のところそのような無理な注文をするほど厚かましくはできない状態です。由所を聞けば難有ものなし(由緒を聞けば何かしらは出てくる)とは、実にこのようなことを云うのだと思います。アア。」

⑥原文「今回小生の集め得たる教師中石原系のものあれども三崎町系のものなしとの疑念の贅弁を弄する閑人の閑話ニ上るべき点の一なるへく存じ候　乍末之れ單に自然の成行なる事御承知の通りニ候　初め小生の學校経営を思立つや先つ最初ニ相談致したるハ奥村兄ニ候(十二月末)次で第二回目に相談したるは石原氏ニ御座候(二月十日頃)　蓋し小生ハ何事を計るにも大人及石原大人の両所ニ是非の指導を享くるを義務とし又特権と存し居るものにし而自然今回の擧に就ても御両所の賛同を得たるを以而　同時に教師の選択ニ就而助力を希望仕り候しニ医局には一流の助手連が特別なる仕事もなしに比較的閑散に存在するが故ニ忽ち此等の人士を小生の共働者とし而推擧されたる次第に候 然るに専門学校ニありてハ一流二流の教授

等ハ何れも校務多忙にし而寸暇なく従而奥村兄より託されたる人士ハ何れも極若手の仁にし而他者との関係上小生の迎へざりし迠の事に御座候　若し相応の教授を専門学校ニ求むるを得ば即日之を歓迎すべき事素よりニ候へども今の處左様の無理な注文を致す程　厚顔なる能はさる仕末に御座候　由所を聞けば難有ものなしとは実ニ此の如き次第なるべしと存せられ候　呵々」

石原教室は、船長のいない行くあてのない船であった。上甲板には、歯科を勉強するつもりで医師が次々に入ってくるが教える者はいない。診療室では、歯科技工士が隠然たる力をもっていて重要な仕事を一手に引き受けている。そして船の心臓部である外来診療部では、幾人かの介補身分の歯科医が診療にあたっている。

研究もなければ、教育もない。患者は噂を聞いて、気がつくと島峰のいる永楽病院に移って行く。というわけで、「医局には一流の助手たちが特別に仕事もなく比較的暇にして」いたのである。夜学を始めるにあたって、この助手に声をかけたことが、思わぬ疑念を生んだ。

もし、東京歯科医学専門学校から教員を融通してもらえるものなら、願ったり叶ったりだ。ここでの弁明は、ほとんど開き直って実務的な説明になっている。

〈血脇大人への書簡⑦〉

「とにかく私は十有余年前の古いままでございまして進化もせず変性もせず、なおまだ退化もしていないつもりでございます。もし、何等か変化したところがあるとすれば、夜遊びをしないようになったことと子供ができて金がなくなったことでございます。

そもそも血脇先生は、世間の暇人のむだ話に耳を傾けられることはないでしょうが、世の中には誤解というものがあって、多年の友情を傷つけただでさえ颱風《たいふう》の多い歯科社会にさらに多くの小颱風を発生させるのではないかと、万が一を心配してわずかな時間を得て社交辞令を無視して書いたわけでございます。ご承知のとおり参上してお目にかかった上で申し上げることが難しい現在の私の状態をどうかお察しくださいませ。

今後、もし何か血脇先生のご不審に思われる点がありましたなら、その都度電話か奥村先生を通してご注意くだされればうれしく存じます。

ただし、佐藤はもう悔やまずともよいということであれば別問題でございます。

言い過ぎや失礼なもの言いをお詫びします。頓首」

⑦原文「兎ニ角小生ハ十有余年前の旧態ニ御座候進化もせず変性もせず尚未多退化も致さゞる積りに御座候　若し何等か変化したる点ありとせば　夜遊びを致さぬ様なりし事と子供が出来て金が無くなりし事とに御座候　世間閑人の閑話に耳を傾けらるる大人とは素より存し居らず候へども世ニ誤解なるものあり而多年の友情を毀け啻さへ颱風多き歯科社会に更に幾多の小颱風を発生せしむる事あらんかと万一を憂惧し而寸閑を得て辞令を無視し而書付けたる次第に御座候　御承知の通り拝趨御面晤の上口述する事難き現下の状態御憐察被下度候　今後若し何等かの大人の御不審に思ハるる点も候ハゞ一々電話或は奥村兄を通し而御注意被下候ハゞ幸甚不過之候　但佐藤最早悔ゆべからすとせらるれば別問題に御座候 暴言多罪　頓首〻〻」

書くべきことを書いて、この段になると「何等か変化したところがあるとすれば、夜遊びをしないようになったこと」などと軽口らしきことも出る。

小颱風とは、専門学校設立と文験免除をめぐる競い合い、東京市歯科医師会をめぐる紛糾、東大歯科学教室の内紛、歯科医師法改正をめぐる聯合歯科医会と中原市五郎ら期成同盟の対立などを指している。そこにもうひとつ、三崎町派にも富士見町派にも属さない新しい学校を開設する、それはたしかに小颱風であった。

そして書状の最後は、「但佐藤最早悔ゆべからすとせらるれば別問題に御座候」と捨て鉢に、ここまで縷々《るる》書き綴った一切の苦慮を掃き捨てるような一文で終わっている。敬愛する人への訣別の言である。

第7章引用文献

（1）河邊清治「清治パトロール第11回佐藤運雄」『歯界展望』17巻（1）、72頁、一九六〇年
（2）今田見信「東洋歯科医学校の設立について　血脇守之助に送った佐藤運雄の手紙」『日本歯科医史学会々誌』1（1）、83～85頁、一九七三年
（3）前田慶次『歯科評論』48号、16頁、一九一四年
（4）寺木定芳ほか「佐藤運雄先生を偲んで」『生誕百年記念誌』、１００頁、日本大学歯学部 佐藤会、一九八二年（以下、座談会 偲んで、X頁、一九八二年）
（5）金井喜平治ほか「座談会 東洋歯科医学校の追憶」『歯学部六十年史』、３１３頁、一九六八年（以下、「座談会 追憶」、X頁、一九六八年）
（6）青木貞亮「座談会 偲んで」、１０２頁、一九八二年
（7）今田見信「座談会 追憶」、３１９頁、一九六八年
（8）深沢竜之助「座談会 偲んで」、97頁、一九八二年
（9）寺木定芳ほか「座談会 偲んで」、１００頁、一九八二年
（10）青木貞亮ほか「座談会 忍んで」１０３頁、一九八二年
（11）長尾優「一筋の歯学への道普請」、一九六六年
（12）栃原義人「わが師・友　石原久先生」（掲載誌巻号不詳）

8章　中心感染説と米国における二元論の確立

東洋齒科醫學校の設立

日本橋兜町のビル街、中央警察署の隣地に今もエアポケットのような緑地があるが、一九一六（大正五）年四月、東洋歯科医学校はこの坂本町公園そばの東京医会本部に間借りするかたちで開校した。[*1] 入学資格は十六歳以上、高等小学校程度の学力を有する者とした。[*2] 『齒科學報』は五月号で「ドクトル佐藤運雄氏は歯科受験生の教育機関として今回東洋齒科醫學校を設立せられたり。……講師には東大歯科の北村、長尾両氏を初め佐藤氏直参の遠藤、川合両氏など斯界錚々の人々を網羅せり。」と伝えている。

すでに当時、兜町の一角は、本邦初の銀行である第一国立銀行が第一銀行本店として建て替えられ、わが国最初の株式取引所の建物も二代目の東京株式取引所に、郵便発祥の駅逓寮《えきていりょう》も装い新たに東京郵便電信局のビルディングに変わっていた。兜町は大正初期には、すでにわが国随一の金融センターであった。

その一角から永代通りを横切ると株屋が軒を並べているが、その横町の人気のない一角に東京医会本部があった。建物門構えは、決して立派ではなかったが、大きな空き室があった。その部屋を借りたのである。この夜学には、佐藤運雄以下、教員として数人が名を連ねていたが、いずれも別に開業しており、学校にはパートタイムで顔を出すだけである。専任教員は横地秀雄ただ一人であった。

「(横地)先生は二三課目の講義もやれば『デモンストレーション』もするので実に多忙其のものゝ化身であったと云い得る位であった」[1]。

臨床実習を求める沖野節三の希望を横地が聞き入れるかたちで、八畳敷きの治療室兼講師室に一台の小畑式の中古の床屋椅子を置いて「東洋歯科醫学校附属醫院」を開設したのは、翌年九月のことだった。この附属医院の開設によって、東洋歯科医学校はたんなる受験予備校ではなくなるのだが、この時点では佐藤の軸足はまだ弥左衛門町にあった。

＊1　東洋歯科医学校の設立により、歯科医育機関は、文部大臣認可による専門学校として東京歯科医学専門学校と日本歯科医学専門学校の二校、公立私立歯科医学校指定規則による未指定専門学校として大阪歯科医学専門学校一校、各種学校として愛知歯科医学校（明治二十七年）、東京女子歯科医学校（明治四十三年）、九州歯科医学校（大正三年）そして東洋歯科医学校（大正五年）の四校となった

＊2　入学資格は『佐藤運雄先生八十賀記念寫眞帖』27頁及び日本大学歯学初刊『歯学部六十年史』4頁には「男女共学、修学期間一ヵ年」と記載されている。これに対し設立に関シ調査書によれば、設置認可（大正5年四月十一日）の記録には、出願者佐藤により「男子女子共入学セシメントスルヲ男子ニ限リ入学セシムル条件ヲ付シ認可」と注記され、内務部長名で『満十六歳以上の男女』トアルヲ『満十六歳以上の男子』ト改ムルモノトシテ認可セラレ候』とされ、文部大臣宛の報告案には「修学年限二ヶ年」「入学資格満十六歳以上ノ男子ニシテ高等小学校卒業…」とある。

この附属医院開院がいかに慎《つつ》ましいものであったか、少々長くなるが、ペーソス溢れる沖野の回想を引用しないわけにはいかない。

「治療室は八畳敷の西洋室ではあるが所々の壁紙がやぶれて入って決して良い感じのする室では無く又講師室と兼用であったのでなんとなしに肩身の狭い気がしました。」(沖野)[1] この壁紙の破れた部屋を朝に夕に丁寧に掃除してくれるおじさんがいた。後に学校指定器械店々員となる平野のおじさんなのだが、沖野の文章は心温まるものだ。

「(平野のおじさんは) 昨日の日曜日には先生の『シリツギ』(平野のおじさんは手術着の事を是う発音する) を洗濯しましたとか言って親切のありったけを尽くして呉れました。私は初めて平野のおじさんに先生と呼ばれるのが恥ずかしかった。いよいよ九月上旬校門の側に東洋齒科醫学校附属醫院の名の下に治療開始を廣告した、開業當日の患者は唯一人で平野のおじさんの大切なお孫さん「かつちゃん」であった、乳歯の腐敗根療 (ママ) が最初の治療であった、此れが本學齒科病院最初の患者であり最初の治療であるにも記念すべき『ケース』であります。[1]」そして三四日後、向かいの飯屋の女将さんといっしょに来院した十五六の娘さんの治療で初めての外来診療収入を得た。沖野は、「先生 (沖野) も練習の最初であり開業の初めでもあり治療料はいりませんと断ったが金三十銭也をお客さんがお二人分の料金としてまあまあと言って置いて帰りました。此の金三十銭が日本大學齒科病院の最初の収入であった。」この最初の収入は、「くすぐったくも感じ此の金の置き場所に困った、其のまゝ机の上に置けばなお気まり（ママ）悪い感じがする……モジモジ……して居る所へ横地先生が入って居らして」[1]……この金三十銭は、開業祝いの餅菓子になって三人の腹の中に消えるのである。何とも微笑ましい逸話である。

こんな調子で、十月末、下顎の「総架工義歯を入れる上客」から八十七円の大金をもらって、それを小型消毒器と蒸和罐《じょうわかん》の購入にあて、十一月上旬横地が大金九十円を投じて中澤式X字型旅行用治療椅子二台を購入、「治療室には目も醒めるような真紅の『テレンプ』*張りの椅子が二台列《なら》べられる」ことになった。「東歯専校も日歯専校も皆古ぼけた小畑椅子の行列治療室」であった時代に、椅子二台とはいえ、面目を一新した。それと同時に平野長壽が助手として参加、翌七年の二月から安藤順作、三月成田蜂代が助手に加わった。

しかし、間借りしていた東京医会本部の改築のために、学校は移転、附属医院は開院からわずか八ヵ月で閉院を余儀なくされる。横地と沖野は市中を駆け巡り、駿河台甲賀町のニコライ神学校の寄宿舎だった建物を見つけた。今の駿河台からは想像もつかないが、沖野は当時の様子を次のように書いている。

＊　モヘア糸をパイル糸にした二重ビロード織物で、高級椅子張り生地として使われた。テレンプという磨き布として用いられたことから、このように呼ばれる。

「ニコライ堂の隣地で駿河台から一人半位がやっと通れる曲がりくねった山道か、大木や竹やぶの中を通って行くか、又は駿河台下から、三メートル位の山道を登って行くしかなかった。[2]」

ニコライ神学校は、一九一七年のロシア革命によって日本正教会とロシア正教会の関係が断絶、経営困難になっていた。その寄宿舎を校舎にした。

早速、駿河台に移転したが、その六月には短期講習の受験科および実地試験のための実習科の授業を始めた。そして七月には二階の二十畳敷の部屋にコロンビア型鉄骨椅子二台を設備して沖野、大澤喜市に、助手として星野巌を加えて附属医院が再び開院した。

「建物は神学校の寄宿舎を利用したものであったから日本式の長廊下や手摺りもあり、窓下の鬱蒼たる巨木の間から下町の大半が一望」できたという。[3]

米国の歯科医療界に吹き荒れた中心感染説

この間、佐藤運雄は、一九一七（大正六）年一月に『齒科治療學』を上梓している。歯科治療学とは、「歯牙およびその周囲組織に発生するところの疾病を治療し、かつ予防することを特に攻究する歯科学の一方面」（同書の緒言冒頭）で、ほぼ現在の歯科保存学に等しい。この歯科治療学は佐藤がもっとも力を注いだ分野であり、この時代に大きな転変を繰り返した分野でもあった。

この本の執筆が佳境にあった大正四年四月には日本歯科医学会総会での宿題報告「亜ヒ酸歯髄失

活法」（川上為次郎と分担）、翌年、先の血脇宛の手紙を書いた直後、学校の開設に前後して、同じく日本歯科医学会で「歯髄疾患の診断及び療法」を報告している。いずれも今で言う歯内療法学すなわち歯科治療学のテーマである。

後に河邊清治が佐藤運雄に、歯科治療学について「先生の、著書を承りますと、治療学の方が多いのですが、現在の治療学と比べましてどうでしょうか。」と尋ねたとき、佐藤は「それは非常な変化をして、一応右であったものが左にいっている。」と述べている。さらに「こっちでもって学校の大学の教授やなにかの話を聞いても、一九〇〇年に終業（ママ）してきた人と、一九一〇年代にやった人と、また二〇年代とはみんないうことが、往々違っていることもあります。[4]」

佐藤自身は、一九〇〇年の十月にレイクフォレスト大学歯科部に編入学し一九〇三年の夏に帰国しているが、「……なんとも第三者としては奇異な感じを持ちますね（笑）。[4]」と自分を別格においている。

「右であったものが左にいっている」、「一九一〇年代にやった人と……二〇年代とはみんないうことが、往々違っている」というのは、一九一〇年から二〇年の間に時代の空気が一変したためである。もちろんこの間、欧州では都市を焼き尽くし、市民を無差別に殺傷する人類史に例のない世界大戦があった。産業革命を経て、戦争は戦車と航空機と機関銃と、さらには毒ガスを使って、極めて効率的に人を殺傷し、ことごとく都市を破壊するものに姿を変えた。他方、戦場となることなく戦争の特需に沸いた北米は、経済的活況を呈し、経済の中心地は欧州から北米に移った。この経済的活況のなかで、歯科医業もまた産業として大いに成長した。敗戦によってドイツは巨額の賠償金に苦しみ、欧州の辺境のロシアでは革命によって社会主義国家が誕生するのであるが、歯科医学の中心地もドイツから北米へと移ったのである。

歯科医学の情報発信源がドイツから北米に移ったのには、もうひとつ別の重大な要因があった。先ほどの八十歳になった佐藤に対する河邊清治のインタビューの続きである。

「当時想えば腐敗髄にしても〝失活壊疽になったら皆抜いてしまえ〟といった時もあったのですが、これは最近迄やっていました。その後、Amputation だの Mummification が行われるようになったり又プレイトの進歩に従って抜歯が多く行われるようになったり、見ていると流行ったりすたったりが幾らもあります。(5)」

このインタビューは一九五九年のもので、ここで言う「最近」は一九五〇年代を意味する。この「最近」になって、治療学はぐるりとひと廻りして佐藤が学んだ一九〇〇年代に再び戻った。その転変に振り廻されることのなかった佐藤は、「第三者としては奇異な感じを持ちます」と遠くからその変遷を眺めるように語っているのだ。

ここで、米国の歯科医療界に吹き荒れた中心感染説（focal infection theory）に触れなくてはならない。そして同じ時期に、米国の歯科医学と歯科医学教育が大きく変化し、世界大戦を契機に世界経済の中心が欧州から北米に移ったのと歩調を合わせて、歯科医学分野でも、北米が世界をリードする時代が到来した。

後に米国歯科医師会が、失活歯の無差別的な抜歯を推奨した中心感染説を見直すＪＡＤＡ（米国歯科医師会雑誌）の特集号を出した[(6)]のは、第二次世界大戦が終わって六年を経た一九五一年である。

中心感染説の始まりは、一九一〇年にイギリスの医師、ウィリアム・ハンターが"a mausoleum of gold over a mass of sepsis"（敗血症の山の上の金の霊廟）というセンセーショナルな表現で[*]、アメリカの金まみれの歯科医療を告発した[(7)]ことがきっかけだったとされている。もっとも「慢性感染病巣」が血流を介して遠隔臓器に炎症を引き起こすという事実[(8)]は、ほぼ同時期のビリングス[(9)]（Frank Billings）やローズナウ[(10)]（Edward C Rosenow）の研究によってよく知られるようになっていた。そもそも、コッホに師事して口腔細菌学を興したミラー（WD Miller）が、口の中の細菌がさまざまな全身の病気の感染源になっていると注意を喚起したのは、古く一八九〇年代のことである[(11)]。し

＊　W Hunter は、講演「The Role of Sepsis and Antisepsis in Medicine（医学における敗血症と消毒の役割）」で歯性病巣感染を大きく採り上げた。

かし、中心感染説は医学の学説というよりは、一種の都市伝説として米国の歯科開業医の間に、無差別的な抜歯の動機を与えた。関節炎はもとより、心臓、腎臓、皮膚炎、眼疾患から果ては精神疾患まで、およそ原因不明の疾患はすべてゴールドクラウンが隠す失活歯の病巣にその原因を帰すことができるとされた。このように病巣感染論を限りなく拡大解釈したものが中心感染説と呼ばれた。むしろ全身疾患とのかかわりをもって歯科の医学的重要性の証とする、歯科医の職業的自負心がつくりあげた学説だったと言ってよい。

しかし、原因不明の多くの疾患について、抜歯が最初に試みるべき初期治療とされた。

そのために、膨大な欠損補綴の需要が創出された。様々な入れ歯やブリッジの技法が開発され、補綴学は歯科を高度に特徴づける学問になった。米国式の医学 - 歯学二元論は、この欠損補綴を歯科の専門性の軸とするがゆえの二元論である。米国の二十世紀の歯科医学の隆盛を振り返るとき、一九一〇年から二つの世界大戦を挟んで四十年の間に吹き荒れた中心感染説の嵐を無視しては何も語れない。そして学問における米国式の医学 - 歯学の二元論もまた、米国の歯科医学が世界の歯科医学を主導するようになったこの時代に決定的なものになったのである。

この意味で、中心感染説を都市伝説だと言い切ってしまうことは、一面的に過ぎるだろう。このセオリーは、「歯科医療が美容技術ではなく、科学的な医療サービスであるという主張を立証する決定的と思われる証拠を、専門家に初めて提供した」(6)という点で重要な意味をもった。米国歯科医師会（ＡＤＡ）の研究部長だったプライス（WA Price）*は、実験により多くの深刻な全身疾患が口腔内の病巣に起因するものであることを実証し、『Dental Infections, Oral and Systemic（歯性感染―口腔と全身）』（一九二三年）という千ページを超える大著を出版した。中心感染説は、歯の保存療法を衰退させ、補綴処置の爆発的需要をつくり出したという側面とともに、歯科医の職業的自負心に強く働きかける魔力をもっていた。中心感染説の終結宣言となった米国歯科医師会雑誌の特集号(6)は、その冒頭で、新たに見出されたステロイド療法について「四十年前に中心感染説がもたらしたバラ色の展望を思い起こさせるもの」と述べているのである。

この四十年間の事情を、佐藤は「右であったものが左にいっている」と語っているわけなのだ。一九〇〇年代のシカゴで学び、浩瀚《こうかん》な書物でその基礎医学の知識をリフレッシュし続けてきた佐藤にしてみれば、右往左往して結局、元に戻ったではないかと言いたくもなるのである。

＊　WA Price は、わが国では、『食生活と身体の退化…未開人の食事と近代食・その影響の比較研究』（Nutrition and Physical Degeneration; A Comparison of Primitive and Modern Diets and Their Effects）の著者として知られる（片山恒夫によって訳書が翻訳・刊行された）。その精製小麦粉によるパンと齲蝕の多発の研究は、ルネ・デュボスの『人間と適応』でも紹介されている。

佐藤は、後に「中心感染説に対する批判」を書き、病巣感染の事実を根拠なく拡大させた中心感染説の誤解を正す。この批判は、ビリングスの定義に照らして、最近の議論が「中心感染に対して世間で間違って解釈している人が多いので、この点について述べて見る」というものであるが、米国で中心感染説が隆盛だった時代に書かれた批判として極めて興味深い。

「ビリング氏の下した定義は次の如し。『感染竈[*1]（ママ）であって限局し、閉じ込められた病竈（ママ）で然も何等の臨床的症状を示さず。又身体他部にも同じ様な病竈（ママ）を起す。之れ血流による転移によるものである。』近代では骨膜炎、骨髄炎、ワンサン氏アンギーナ（ママ）、水癌等を中心感染に入れている人があるが自分はそうは思わない。これビリングの定義に全然当嵌《あてはま》らない。自分にはビリングの定義により扁桃腺、副鼻腔、歯牙ことに根先端、攝護《せつご》[*2]腺、子宮頸部の粘液腺、盲腸、胆嚢等が原発病竈（ママ）になる可能性があると思われる。[12]」

この当時は、抗原に感作されたリンパ球が遠隔臓器で細胞障害を惹起するという免疫学の概念はまだない。病巣感染は、細菌あるいは細菌の毒素が遠隔臓器で病原性を発揮するものと考えられていたが、佐藤はその病因論を無視した疾病概念の拡大を批判している。

別のところでは「近来米国あたりで論議されて居る根端感染問題の話を聞いても読んでも随分滑稽なものがあります。天理教のご利益の様に一本の歯を治療して多年の宿痾《しゆくあ》が即座に治癒したり心臓の障害が突然全治したりして居ります[13]」医学的素養がないから「天理教のご利益」のようになってしまう。佐藤は、断片的な経験を想像の翼を拡げて魅力的な学説にしてしまうことを戒め、歯科医の職業的自負心をくすぐる学説を荒唐無稽《こうとうむけい》な説としているのである。佐藤は、あくまで科学的な根拠を求めた。

「この証明には臨床的立証と細菌学的立証とがあり、前者に於いては歯牙と心臓に疾患のある場合、その歯牙を抜去したら心臓の疾患が治癒せりとの立証あり、後者に於いては、二つの病竃（ママ）から同様な細菌を証明し得たとの立証がある。[*3] なお、後者には血清学的立証法がある。即、補体結合反応、凝集反応等を行うが之には *Streptococcus viridance*（ママ）のみを用いている。中心感染が *Streptococcus viridance*（ママ）によってのみ起こるかと云う点に疑義があるのである。」

まずは医学的素養

佐藤は、この後「医学的素養なくして中心感染問題が解釈出来ましょうか、抜歯致死事件に正当なる議論を挿むことが出来ましょうか[(13)]」と書く。歯科医は、歯科医仲間で中心感染をかしましく話

＊1　竃は窠（正しくは「巣」）の誤植と思われる。
＊2　前立腺
＊3　血液中に侵入した口腔レンサ球菌が心臓の弁膜や心内膜において細菌塊を含む疣腫を形成する感染性心内膜炎の発症機序が解明されるのは、McCoy らの研究（一九五一年）を待たねばならない。

題にして歯科の価値を誇らしげに語る。当時、抜歯致死事件をきっかけにして、中原市五郎も奥村鶴吉も歯科医が死亡診断書を作成できるか否かという議論に極めて熱心だった。それならまず、医学の素養こそ大事にすべきだ。これが佐藤の姿勢だ。口腔がんなどの口腔外科治療を担当する以上、治療に伴う患者の死亡は避けがたい。そうであれば死亡診断書作成は必然的である。死亡診断書作成権を単純に歯科医の業務権限の問題にしてしまうと、口腔外科の治療にも大きな制約が生まれる。

抜歯致死事件を重大事件にしたのは、これを死亡診断書の作成問題と捉えた中原市五郎の『歯科新報』だった。「歯科医は死亡診断書を作成しうるか」という問いは、今日でも多くの人が答えに戸惑う。それほどに、歯科医の死亡診断書交付という法的問題は、「医業と歯科医業の境界についてきわめて示唆的な事項(14)」なのである。後に佐藤はこの死亡診断書問題に少なからず関与することになるので、この大正時代の論争に少しだけ触れておく。

議論のきっかけは、抜歯に伴う偶発的な医療事故をめぐって若い歯科医の過失責任が問われた事件だった。大正七年五月に埼玉県寄居町の歯科開業医院で、小臼歯の抜歯中に心臓麻痺で患者が死亡するという医療事故が起こった。死亡した四十四歳の男性は、心臓の大動脈に病気をもっていたが、この医療事故では歯科医の過失責任が問われた。

『新報』は、予測しがたい偶発症について過失は問われない、業権擁護のために判決破棄を求めるべきだと主張し、この裁判にかかわる死亡診断をめぐって、歯科医が死亡診断書を交付しうるという行政判断を紹介する。* これに対し、奥村鶴吉は、明治三十六年の行政判断は周知の事実だと主張するが、他方で聯合歯科医師会として協議題とし、これを東京日々新聞が「聯合歯科医師会が歯科医の死亡診断書について建議」と報じた[15]。

問題は、この医療事故の場合に歯科医の死亡診断書は有効かという点だが、『新報』は、ここには歯科医師法の不備があり、改正を求めるべきだと主張する。この事件では、行政判断で一定の答えが出ていたにもかかわらず、中原も血脇も改めて行政判断を求め、それを三崎町派と富士見町派が互いに非難するという実りのない泥仕合が続いた。

後年、佐藤運雄が、戦後初の社団法人日本歯科医師会長に就任したとき、国会で審議中の歯科医師法に占領軍の意向で「死亡診断書作成の禁止」が盛り込まれたため、これに反対決議をあげたのだが、この法律はあえなく一九四八（昭和二十三）年七月三十日に医師法と共に成立公布された。この苦渋の占領軍歯科医師法の改正の役目を背負ったのが林了《はやしあきら》である。林は、佐藤が日本大学学長

* 歯科新報は、11巻12号（大正七年十二月）、12巻4号（大正八年四月）、12巻5号、12巻6号と半年余りにわたって記事を掲載している。歯界時報は2巻4号（大正8年4月）の奥村鶴吉署名記事、2巻5号「抜歯致死事件判決」36頁〜、2巻7号の前田慶次署名記事を掲載している。このほか、医事新報は１０２３号（大正八年六月十日）に記事を掲載している。

に就任した昭和十八年五月に校長代理となり、戦後に佐藤が日本歯科医師会の会長を務めたときには専務理事として佐藤を補佐したが、一九五三（昭和二十八）年四月の選挙で参議院議員となり、その直後、議員立法により「死亡診断書作成禁止」項目を削除する法改正を成し遂げた。なお、林は、あたかも宿命的な仕事を終えたかのように、同年末、歯科医師会の理事会の席上狭心症に斃《たお》れ他界した。(16)

両者の対立のなかで、『歯界時報』は佐藤を、「法文を改定せざれば（死亡診断書の作成）不可能」という意見を持つ者の一人として紹介しているが、死亡診断書問題は、佐藤にとっても「医業と歯科医業の境界について」論じる上で、極めてセンシティブな問題だったのである。

大審院判決と独立分科論の高まり

東洋歯科医学校は神田駿河台移転の翌年（一九二〇年）にニコライ神学校の寄宿舎だった建物を増築し、附属医院には十畳敷の特別治療室を設け、電気エンジンを設置し、新帰朝ドクトル田中榮一を主任、満州から帰朝した中川大介、五人の研究生に四人の助手を加える陣容となった。外科講師には帝大助手から、治療充塡科はドクトル川合渉、技工継続科はドクトル松田理一が教鞭を執った。

東大の石原久教授は、東大歯科を中心にした集まり歯科医学談話会を学会に格上げして日本歯科口腔科學會を設立した（一九一八年）。これは日本医学会傘下の歯学系唯一の学会ということになる。

同じ年、三崎町派の遊撃隊長とでも言うべき前田慶次が『齒界時報』を創刊するが、それはあたかも東大の石原を攻撃するために誕生したかと思われるほどに、激しい石原攻撃を始め、石原に近いとみて佐藤を仇敵と見做して、孤立に追い込むことになるのである。

佐藤は、『時報』創刊の年、同誌で「歯科医学は医学の純然たる分科なり」と年来の自説を展開した[17]。これまで幾度か述べてきた自説であったが、これまでとは歯科界の反応がまるで違った。

「私はすっかり逆賊扱いにされました。精神病者にされました。安禄山にされて了いました、私はあまりの馬鹿らしさに、……苦笑を禁じ得ませんでした[18]。」

歯科口腔科学会の設立に際して、『時報』の前田は、それを敵視酷評して「歯科学逆転の危機[19]」と呼んだ。逆転の危機とは「独立分科として闊歩し来れる歯科学を、再び一般医学中に隷属せしめんとするが如き、時代に逆行せる主義を有する会合」だからである。石原による新たな学会の設立が、医学から独立している歯科学を再び医学に隷属させるという意味で「逆転の危機」という論評であった。しかし、これはまともな論評ではなく「其の名は美なりと雖《いえど》も、これ石原博士が歯科併呑の武器のみ」「名を学術研究の美名にかりて、実は博士の野心を満足せしむる」「学術的方面よりして歯科を毒殺せんとするなり。」悪口の限りを尽くして、学会の設立を石原の私心にありと非難する煽動的な主張であった。

この記事を一読した佐藤は怒りを露わに、電話口で前田に抗議したようだ。「佐藤運雄君の駁論を読む」という次号の前田の解説では、「猛烈なる語気を以て藪から棒に予（前田）を叱責せられたれば……」と、いつになく佐藤が腹を立て、十日後に期日を定めて、「必ず来宅せよ、腕力を備えて待っている」と物騒な話になったと伝えている。たしかに石原教授について世間の評判は芳しくなかったが、それに乗じて歯科口腔科学会の設立を「名を学術研究の美名にかりて、実は博士の野心を満足せしむる」とまで非難するのは許しがたい。この「腕力」というのはレトリックで、佐藤は拳《こぶし》の代わりに長文の論文を用意した。このときちょうど専門学校の設立申請と重なるが、おそらくは専門学校設立申請に際して、歯科の独立論に対する反対の立場を明確に表明しておきたいと考えたのであろう。

前田は佐藤から「数十枚に亘る長論文を示され、長年の馴染甲斐あって、幸に腕力頂戴にも又ばず（ママ）」と書いている。しかし、前田は、その長論文の掲載を拒み、その要約文を「公開状・『歯科学逆転の危機』を読みて」[20]として、前田の解説（「駁論を読む」[21]）とともに掲載した。

この「公開状」は、歯科は医学の純然たる一分科であるという前提に立って、名称において、目的において、組織において、歯科口腔科学会が歯科学の逆転どころか、発展に寄与するのだと整然と論理的に論じた文章である。しかし、これで「すっかり逆賊扱いにされ」るのである。

そしておそらく、佐藤が怒りに任せて電話をかけてから十日で書き上げた長文の論文は、二年後に加筆修正の上「齒科醫學の立場に就いて」というタイトルで『齒科醫報』という別の新しい雑誌の連載になる。

佐藤は、翌年一月の日本歯科口腔科学会例会でも、同様の主張をした。もちろん、三崎町派は相変わらず「歯科学の独立的発展を百方阻害し歯科口腔科学会なる怪しげなる会を組織して、名を学術研究の美名に借り実は自己一流の歯科隷属論を鼓吹《こすい》し、以て民間歯科医に挑戦せんとしつつある[22]」つまり歯科の独立を邪魔し、歯科を医学に従わせるための策動と喧伝してやまない。

石原は、東大の歯科学講座の教授の地位にあるのだから当然のことだが、「歯科医学は医学の一分科」という主張で、「口腔科學會」という名称はそれを表している。これが三崎町派からは官の立場を利して民の開業歯科医を圧迫すると非難され、「歯科は一分科」という石原の主張は歯科隷属論として槍玉にあげられたのである。

同じ一九一八年に中原市五郎は、日本歯科医専のプライベートな研究会だった「日本齒科學研究會」を「日本齒科學會」に改称している。当然、血脇が支える日本歯科医学会は、次々に勢力を殺《そ》がれることになっていった。そういう勢力争いの渦中《かちゅう》の口腔科学会例会で、佐藤は「歯科医学は医学の分科」という論を繰り返したのである。

医師の歯科医業に縛りをかけるための法改正をめぐって、歯科の独立分科論が歯科医師の世論と言ってよい程になっていた時代である。独立分科論は、歯科医師の職業的アイデンティティにかかわっていただけに、反「独立分科論」を掲げる佐藤は、三崎町派によって「精神病者」とされ「逆賊扱い」されたのである。

第8章引用文献

（1）沖野節三「叢談・母校歯科病院發達小史」『東洋歯科月報』6（1）、21～33頁

（2）日本大学歯学部60年史編集委員会「第3節校舎の移転と専門学校への昇格」『歯学部六十年史』、8～9頁、一九七四年

（3）『佐藤運雄先生八十賀記念寫眞帖』、31頁、日本大学歯学部、一九五八年

（4）河邊清治「清治パトロール第11回佐藤運雄」『歯界展望』17巻（1）、70頁、一九六〇年（以下、『歯界展望』17巻（1）、一九六〇年）

（5）『歯界展望』17巻（1）、一九六〇年

（6）LW Morrey: Editorial, J American Dent Assoc, 42(6): 612-613, 1951.

（7）W Hunter (1911): The role of sepsis and antisepsis in medicine. Lancet, 1(4559), 79-86.

（8）W Hunter: Oral sepsis as a cause of disease. Br Med J. 2(2065): 215-216, 1900.

（9）F Billings: "Focal Infection"-Monograph, D. Appleton & Co. 1916.

（10）EC Rosenow: Studies on elective localization. Focal Infection with Special Reference to Oral Sepsis, J Dent Res 1: 205-249, 1919.

（11）WD Miller: The human mouth as a focus of Infection. Dental Cosmos. The Lancet 1891.

（12）佐藤運雄「中心感染説に対する批判」『日本之歯界（今田見信主幹）』、175号、一九三五（昭和九）年

（13）佐藤運雄「歯科醫學の立場に就いて（三）」、『歯科醫報』8（8）、6頁、一九二〇年

（14）榊原悠紀田郎（歯科医療構造検討委員会委員長）『歯科医療と医療の境界領域についての考え方、歯科における診療科名標榜についての考え方に関する答申書』、（社）日本歯科医師会、東京、一九八三年

（15）「歯の病で死んだときの問題　歯科医が診断書をつくりうるか」『東京日々新聞』五月十六日　一九一八年

（16）工藤逸郎ほか「歯科医師死亡診断書交付問題を解決した参議院議員林　了の生涯とその業績」『日本歯科医史学会会誌』27（1）、27～39頁、二〇〇七年

（17）佐藤運雄『歯界時報』1（11）、一九一八年

(18) 佐藤運雄「歯科醫學の立場に就いて（一）」、『歯科醫報』8（6）、4～8頁、一九二〇年
(19) 前田慶次「歯科學逆轉の危機　眉に唾すべき歯科口腔科學會」『歯界時報』1（11）、20～23頁　一九一八年
(20) 佐藤運雄「公開状『歯科學逆轉の危機』を読みて」『歯界時報』1（12）、38～41頁、一九一八年
(21) 前田慶次「佐藤運雄君の駁論を読む」『歯界時報』1（12）、42～46頁、一九一八年
(22)「官僚歯科醫界の現状」『歯界時報』2（5）、32～33頁、一九一九年

9章　反二元論宣言に対する集中攻撃

東京帝大歯科医局の自壊

佐藤運雄が、三崎町派の『齒界時報』で「歯科医学は医学の純然たる分科なり」と主張して逆賊扱いを受けるようになった翌年（大正八年）、同誌は「官僚歯科医界の現状」と題して東大歯科の内情暴露と辛辣な石原教授批判記事の連載を始めた。歯科主任教授たる者が歯科技工上の知識を何ひとつもっていない無資格の技工士を代診として治療させて高額な料金を貪《むさぼ》っている、自分の命令に従わない者にはその技工士の八木某をそそのかして威圧し、八木某は高橋直太郎氏を殴打する事件[1]まで起こしたが教授はなす術ない、官僚学者が医局員から医局費の名目で金を徴収しているなどなどであるが、その内実は後に東京医科歯科大学の学長を務めた長尾優が回想録『一筋の歯学への道普請』に書き記している事実とほぼ符合する。おそらくは医局の内部告発者の協力を得た記事だったのだろう。

実は、この年（大正八年）の春、東大歯科医局出身の北村一郎、金森虎男[*1]、長尾優ら九名は、石原教授の無定見、無策を批判し、本人にこれを単刀直入に突きつけるべく桂冠勧告《けいかんかんこく》書（辞職勧告書）を用意していた。長尾が渡米留学を終えて帰国した後一年を経たこの年の四月、就職し開業し留学して散り散りになっていた教室員が、学会を機会に集まって懐旧談に花を咲かせた。その議論で、石原の無定見、無策振りに批判と憤懣が集中したのは必然だったが、それが「歯学の将来はどうなる、そのあり方は全く不安このうえない……この責任は主として石原先生に帰せざるを得ない。（石原）先生は寧ろ東大教授としては不適格である」[2]という意見にまとまる。こうして、教室員だった者全員の名前で辞職勧告状を出すという前代未聞の事件に発展するのである。

「謹んで一箋《せん》を石原先生虎皮下に呈す。」で始まるこの辞職勧告状は、三千字を優に超える毛筆の書状に北村一郎はじめ九名の教室関係者が各々自署したもので、「子弟の身を以て苟《いやしく》も師に対し辞職を乞わんとす。豈《あに》情に於いて誠に忍び得る所ならんや」と書いてはいるが、大学教授が備えるべき学識、技倆、人格品性のどの要素も、石原が備えていないということを縷々述べた、余程、義憤に駆られでもしなければ書けないような文面である。ただしこの件は、金森虎男の死に際して、今田見信（医歯薬出版社長）が『歯界展望』誌上に公表するまでは広く知られることはなかった。

この七月、帝大の歯科部事務員が「義歯用金塊七十匁[*2]この代価三百五十余円を横領した」ことが会計検査によって露見し、投身自殺するという事件が起こった。これを材料に報知新聞が「帝大歯科部の情弊暴露す」と報じる。『時報』は「東京帝国大学歯科部の凋落　幸か不幸か本社の記事は立証せられたり」[3]と喜ぶかのような論調で、「石原博士の辞職説或いは勇退説を伝ふるものあり、

＊1　東京高等歯科医学校教授、一九五七年没。

＊2　262・5グラムにあたる。

門人等また終わりを完《まった》からしめんと奔走するものあり」と辞職勧告状の動きがあることをほのめかしている。

この辞職勧告状は、前もって当時医科大学長だった佐藤三吉教授に見せて、何等か善処が約束されれば提出しないつもりだったと長尾は語っている。そして北村、長尾、金森の三人が佐藤教授に面会しているが、佐藤医科大学長に策はなく、結局大正九年の大晦日に、配達証明郵便で石原教授宛に送付されたという。(4)

この桂冠勧告状事件そのものは、長尾が書くように「東大歯科医局の自壊作用の後日物語というべき(4)」事件に過ぎない。しかし、ここまで教室関係者が突き進まざるを得なかった東大歯科の内情は、その結果として後にできる官立の東京高等歯科医学校（後の東京医科歯科大学）が、東大歯科の否定形として生まれることにつながるのである。ひと言で言えば、「医学部に従属する歯科」という医科－歯科一元論の否定形として東京高等歯科医学校が誕生する。

長尾優は、この事件を振り返って「歯学は医科と協立すべきで、医科そのものの中では育ち難いものであるということ、これは石原先生に最初にぶつかった当時の吾々、否私自身の考えからであった。そして一度医者となり然る後米国歯学を学ぶに当たって一層深く固くこれを信ずるようになったのである。(5)」と述べている。教育の二元論である。

後のことだが、石原は東大を退職する前年（一九二六年）に、東大歯科を振り返り、将来の歯科のあり方について、「歯科医学は医学の基礎の上に組み立てられたもので、医学より離した所の独立した歯科医学の存在すべきものでない。従って将来歯科医育に関しては、基礎医学は医・歯共通的のものとし、臨床学に進むに至って始めて医業各専門の課程に分離すべきである。(6)」と医学の一分科としての歯科という教育の一元論を明言している。さらに、恨み言も忘れてはいない。「自分は数年来常にこの主張を続け、歯科医師即ち医師たるべきであると論じて来た為に、一般歯科医師より異端者扱いを受け生命の危機を見るが如き迫害を蒙った事も数回あった。然しそれ等の反対は実に偏狭なる考えから出づるものであって、従来の歯科医師は主として技工のみに走った結果、一般社会よりは歯科医師は技工のみの歯科医師であると見る、自らも之を肯定してきたのである。(6)……」一般社会の評価が低いのは、歯科医師が「技工のみに走った結果」だと主張する。

ここの恨み言によって、歯科医師教育の一元論が、微妙に歯科医師の社会的劣等性の問題それも技術職を賤しいと信ずる古典的な方技観にずれてしまうところが石原教授らしいところである。「医学の一分科」という主張こそ佐藤運雄と同じだが、石原教授の場合には、残念なことに歯科診療を嫌い、もちろん口腔外科の診療も嫌い、医師出身の教室員に何ひとつ教えることなく、歯科医学に関する業績もなく、そのために教室員から総スカンを食らう桂冠勧告状事件に至ったのである。しかし、実は、石原教室の教室員でも、歯科医たちはむしろこの石原の一元論に共感する者が多かった。桂冠勧告状事件の二年後、東大歯科の歯科医師大鷹仁太郎らが、「医師資格取得運動」という石原一元論を純粋培養したような請願運動を起こすことになるのである。

大学令　窮地に追い込まれた二元論

大正九年三月、財団法人「東洋歯科醫學専門學校」は、文部大臣から専門学校令にもとづく教育機関として認可された。専門学校は、修学年限四ヵ年、その入学資格は十七歳以上の中学卒業者及びそれと同等の学力を持つ者と定められている。そして別に研究科を置いた。各種学校の東洋歯科医学校の入学資格が高等小学校の学力、修学は一ヵ年[*1]だったことに比べると、かなりハードルを上げたことになる。

しかし、専門学校認可のアドバンテージは大きい。卒業生には歯科医学（得業）士の称号授与、さらに在校中の学生は徴兵猶予、そして改正歯科医師法第一条の「文部大臣の指定したる歯科医学専門学校」の卒業生は歯科医師となる。すなわち、国家試験免除となる。

もっとも歯科医師法第一条一号（公立私立歯科医学校指定規則）による指定には、審査基準をクリアして、かつ「開校以後二ヵ年以上を経過したること」という規則があった。このため専門学校の認可から国家試験免除までは二年以上のタイムラグがあった。このタイムラグが学校によって随分違った。専門学校第一号の東京歯科医学院は二年三ヵ月、日本歯科医学校は何故か十ヵ月、歯科医師法改正後に専門学校の認可を受けた大阪歯科医学校は二年七ヵ月かかった。(7) だから東洋歯科もぬか喜びはできない。

ともかく歴史の浅い東洋が、歯科医専となった。「勇躍して専門学校に」と書きたいところだが、すでにこの時代は、専門学校になってもお祭り騒ぎにはならない。この前年、大学令が施行され、わが国の高等教育に大学というものができた。これによってわが国の高等教育には地殻変動が起きていたのである。大学令によって、高等教育は大学とそれ以外の二つのカテゴリーに分かれた。そして医学と歯学の関係は、これまで以上にはっきりと引き裂かれることになったのである。

大学令が一九一九（大正八）年四月に施行されると、府立大阪医科大学を筆頭に翌年に慶応義塾大学、早稲田大学と堰を切ったように公立私立の専門学校が大学に昇格した。[*2] 日本大学も大学令施行翌年四月に大学となった。これによって、日本の高等教育は、大学を上に、専門学校や師範など

*1　坂井建雄ほか「我が国の医学教育・医師資格付与制度の歴史的変遷と医学校の発展過程」『医学教育』41（5）、337〜346頁、2010年

*2　施行の年（一九一九年）に大阪医科大学（府立）、翌年二月に慶応義塾大学、早稲田大学が認可され、四月東京商科大学、明治大学、法政大学、中央大学、日本大学、国学院大学、同志社大学、六月に愛知医科大学（県立）が認可された。私立の医専もこれに続いた。東京慈恵会医科大学（一九二一年）、日本医科大学（一九二六年）。

を下に階層化されることになったが、この後、公私立の医専が大学に昇格することにより医師と歯科医師の職業身分も画然と分かれることになる。大学令施行のとき、歯科はわずかに私立専門学校二校、未指定専門学校一校があったのみで、ほかに東洋歯科医学校を含む各種学校としての歯科医学校が全国に五校[*1]という、未だ貧寒としたありさまだった。その東洋は、世の中に私立大学が続々と誕生した年に専門学校となったのである。

時系列を遡ると、一八八六（明治十九）年三月に帝国大学令が公布されて、わが国の高等教育は帝国大学一校で始まるのだが、実学教育のために専門学校令が公布（明治三十六年三月）され、さらに帝国大学が徐々に数を増やして五帝大[*2]になったところで大学令の公布（大正七年十二月）に至る。大学令の後、帝国大学令も大幅に改正[*3]され、すべての大学は分科大学制から学部制に移行し、複数の学部を擁する総合大学が誕生した。そして重大なことに、大学令が認める学部は、法学、医学、工学、文学、理学、農学、経済学、商学の八学部で、ここに歯学は含まれない。大学令によって、高等教育が大学とその他に二分されたとき、歯学という学問は学問のカテゴリーから放り出されたのである。歯学を医学から独立したものとする二元論は、窮地に立たされることになった。

当然、歯科医専では「歯科大学創設」の機運が起こった。日本歯科医専は、大学令施行の年の暮れに早々と財団法人化し、校友会は「母校をして単科大学たらしむる」と決議して、基金募集を大々的に始めた。大学令では、私立大学には財団法人であることが求められることになったからである。

東京歯科医専では学生たちが歯科大学創設期成同盟会を結成し、校長血脇は拡張基金を募集して、翌大正九年三月に血脇の寄付行為によって同校を財団法人化した。これと競うように、中原市五郎もまた、学校の敷地、校舎、設備一式四十三万円相当をまるごと財団に寄付した。その日本歯科医専では、大正十年三月に、大学（単科大学）に昇格するための進達書を文部省に提出しているが、無論これは握りつぶされた。

『時報』の前田は、「歯科大学創設の必要」[8]で、「歯科学独立の精神を完全に実現せんと欲せば、必ずや歯科大学を創設するの必要あるなり。……米国に於いては、総合大学中の一学部として存在する歯科学校二十七校あり。カレッジとして存在するもの二十一校あり、……歯科学の独立が遺憾

＊1　東京女子歯科医学校（一九一〇年）、大阪歯科医学校（一九一一年）、九州歯科医学校（一九一四年）、東洋歯科医学校（一九一六年）、明華女子歯科医学講習所（一九一七年）

＊2　東京（一八八六年）・京都（一八九七）・東北（一九〇七）・九州（一九一一）・北海道（一九一八）の帝国大学。ここに大都市の大阪と名古屋が含まれていないことが不思議だが、第二次帝国大学令以降に外地の京城（一九二四）、台北（一九二八）の後、二つの商都大阪（一九三一）と名古屋（一九三九）に設置される。

＊3　大正八年二月のいわゆる第二次帝国大学令公布

なく行われつつある状況を察する」ことができるとした。

これを機会に大正十年一月に血脇は日本聯合歯科医会の代表として遠藤至六郎を伴って、欧米の教育事情調査に出かけるのである。[9]

前田が指摘したように、米国の歯科学校は総合大学（university）と提携する動きを活発化させていた。この当時の変化を克明にとらえたのが、有名なガイス報告[10]である。カーネギー教育振興財団は、コロンビア大学医学部の生化学教授ガイス（William J Gies）博士の指揮で、アメリカの歯学教育システム全体を調査し報告した。*そこで、すべての歯科学校は主要大学の附属校となることが強く推奨された。ガイスは、また歯科にかかわる科学研究誌“The Journal of Dental Research”を創刊し、三年後には、研究者らの国際的連携のためにＩＡＤＲ（International Association for Dental Research）の最初の総会をニューヨークで開催したのである。

これに先だって、ＡＤＡ（アメリカ歯科医師会）は歯科学校の底上げのために、歯科学校のランク付けを公表して淘汰を促した。*血脇の調査団は、この事情をくまなく調べて持ち帰ったが、これが独立分科となった歯学教育の医学的な質の向上の契機になったのである。

日本大学との合併構想

専門学校の認可が下りて二ヵ月、佐藤は三崎町派から距離をおく松田英雄が始めた『歯科醫報』

誌に『齒科醫學の立場に就いて』という論説を発表する。[11] あの怒りの電話から十日で書き上げた論考が姿を変えたものである。日本大学との合併は、この一年後である。専門学校の認可を受けて合併計画が具体化し始めた時期と考えられる。

東洋歯科医学校は、佐藤の個人立から財団法人化するとともに歯科医専となるが、その設立認可からわずか一年後の大正十年四月に日本大学専門部歯科の新設を申請した。翌年七月、東洋歯科医学専門学校の廃止が認可され、日本大学専門部歯科が誕生するのである。設立からわずか二年で廃止というスケジュールから推して、専門学校の認可時点で、不確定要素はあったとしても次のステップが想定されていたに違いない。

佐藤は後年、日本大学医学部の二十周年記念祝賀会の挨拶で「歯科学は医学なりという立場で歯科の学生を教育しても、医学の方で相手にしてくれなければならぬ、……それであるから大正八、九年の頃であるが、何とか出来ないでしょうかと山岡前総長に再三もちだし、医学科を設置してもらえるようになり、自分は非常に欣《よろこ》んだ。[12]」と話している。佐藤は最初に山岡を紹介されたときから、医科の設置を歯科と一体のものとして願望していたのではないだろうか。山岡は、「吾人は共

＊　ＡＤＡのＤＥＣＡ（Dental Educational Council of America）は、①修業期間、②カリキュラムの時間数、③資格試験合格率などによって歯科学校をＡ～Ｃにランキングして公表した。四十七の歯科学校は、一九一八年には〈Ａ・16、Ｂ・27、Ｃ・4〉であったが、一九二六年には〈Ａ・26、Ｂ・13、Ｃ・2〉に底上げされた。

に提携して齒科大學を實現せしむる事その外に之れが第一歩として醫科専門部を置き更に将来大學と進まんとするものにして……この目的を成し遂げなければならない」と語っている。[13]

日本大学専門部歯科となった翌年、大正十二年のことだが、東洋出身者が中心となって医師資格取得運動というものを興す。先に石原一元論の純粋培養と述べた請願運動である。その運動の後ろ盾となった日本之醫界社々長の土屋清三郎が、今田見信の求めに応じて『日本之齒界』に次の文章を寄せている。

「歯科医師法を廃止し、歯科医術を一般医術の一専門科として行わしむる様にするとして、現在の歯科医師及び歯科医学校はどうすればよいか。……現在の歯科医学専門学校は、之を拡張するか、或いは併合して、相当の設備を加えて改めて医学専門学校として認可を得ればよいのである。[14]」

歯科医学専門学校を医学専門学校に衣替えするという提案である。土屋は、医制統一を第一義に歯科医師法を廃止し、医師法を改正して、歯科を眼科、耳鼻咽喉科と同様に一般医学を修めた者が専門的に行うようにするべきだという。次いでこともなげに歯科医専を医専にすることを提案しているのである。この提案は、突飛なものではなく、医制統一の観点からは、至って論理的な道筋だった。

大正七年頃、佐藤運雄は大連医院の院長であった河西健次とその友人山岡萬之助と出会って、東洋歯科医学校の日本大学との合併を議論したとされる。『日本大学九十年史』は、佐藤本人の伝えたところとして、満鉄病院の院長だった河西健次博士が、帰国して新宿に建設中の武蔵野病院について佐藤に『これはわが輩の最後の仕事だから、この病院を手伝ってくれ』と求めたのだという。ところが、ちょうど同じ時期に「日本大学で理事をしている山岡という人が河西さんに『日大で医科を設立したいが、協力してくれないか』と話を持ち込んだというのである。河西さんは折角武蔵野病院に全力をあげている時に、他に勢力を注ぐわけにもいかなかったことであろう。そこで山岡さんに僕を推薦したのである。後でわかったのであるが、河西、山岡両氏は長野県における村童以来の友人であるとのことであった。」[15]という文章を引いている。

河西健次が、大連医院で同僚だった佐藤を山岡に紹介し、「本郷の魚十という料理屋で、三人がいろいろ相談した結果が、僕の東洋歯科医学校を日本大学専門部歯科として合併する。これを土台にして日大に医科を創設しようということであった。この話は大正七年頃のことである。」[16]魚十とは、湯島天神の境内にあった料理屋魚十*を指すものと思われるが、この記述が正しいとすれば、佐藤は専門学校の申請をするのとほぼ同時期に、日本大学との合併構想をもったということになる。

* 明治二十三年刊行の『東京百事便』には「湯島天神社内細横町にあり、三階の座敷その他にて十間あり。魚のあらいはすべて魚十をもって元祖とす」とある。

日本法律学校（日本大学の前身）を出て東京地方裁判所判事となった山岡萬之助は、ドイツに留学し、ドイツの法制度を調査して、明治四十二年に帰国すると司法省に出仕して東京地裁検事・東京控訴院検事となるとともに日本大学教授に就任、松岡学長に対し「ドイツの各大学には神学科、法学科、医学科、哲学科がある。この四分科がドイツの大学の大きな支柱になっている。……私は、わが日本大学においても将来、医科とか工科を設けて法・文・商と共に総合大学となすべきであろうと思うが、医科・工科のごときは多大の設備費を必要とするが故に、とりあえずドイツの神学科に代わるに宗教科を設置すべきである」[16]と進言した。山岡は、ドイツに範をとって、日本大学を総合大学にする構想をもったのである。河西から佐藤を紹介されたとき、歯科医専を足がかりに、それをバージョンアップして医学科とするというイメージを描いていたとしても不思議ではない。

今田の筆になるものだろうが、合併認可を伝える大正十一年の『日本之歯界』[17]は、次のように書いている。

「東京歯科医学専門学校と日本歯科医学専門学校の二校が単科大学に昇格すべく活躍さるるときに、東洋歯科医学専門学校が日本大学と合併してその歯科医学専門部となり尚近くは佐藤氏を中心とした医学部の成立を見るという。日本大学に於いては既に医学部の膳立ても出来、教授の配置も決定したり……佐藤氏の年来の抱負通り大英断を試みられ、医育の大改造を断行せられたるは吾歯科界の為め愉快に耐えざるなり。」

佐藤を中心に歯科医学専門部を医学部にするという今田一流の前のめりの記事ではあるが、当時このように書かれていたことは事実である。

歯科医学は医学の一分科

専門学校の認可直後、『齒界時報』に袖にされた長論文を『齒科醫報』に発表したのは、世間で歯科独立分科論、歯科の大学創設が語られ、一元論の石原久が官僚歯科批判としてサンドバックさながらに叩かれた後のことである。佐藤は、その論説に『齒科醫學の立場に就いて』と、歯科医学のアイデンティティを問う標題を付けた[18]。

『時報』の「官僚歯科医界の現状」は、スキャンダラスな内情暴露から、回を重ねるにつれ石原の医科－歯科一元論を、「歯科隷属論」として論難するものになっていた。医科－歯科一元論は、歯科医師を医師に隷属させる論理だという主張だ。佐藤の『立場に就いて』は、明らかにこの一元論批判に対する反論であった。

この論説の主題は、標題のとおり「齒科醫學の立場」である。言うまでもなく、「此問題は私の一生の懸案であり……今日に至るまで一日一時として私の念頭を去った事はない」佐藤の根本問題であった。

『齒牙充塡學』序文に「歯科学と医学との合体」と書いたときも、『齒科診斷學』序文に「歯牙を全身の一器官」として観察することを書いたときも、批判を受けることはなかった。しかし、この頃になると、空気は大きく変わっていた。「逆賊扱いにされ」、「精神病者にされ」てから一年半後(大正九年六月)のことである。

佐藤の側の変化もあった。開校から四年、専門学校の認可を受けて学校は軌道に乗った。本科一年生二十七名がクラス会を開いて「現在の四年制度が二年位は延長されても宜しいから一般の醫學専門學校と連絡の取れる様にして貰ひたい」との要望書をもってくるような嬉しい事件も起こった。この学生たちの要望書は、自分の考えていることが鏡に写されたような驚きと喜びを佐藤にもたらした。

この「立場に就いて」は、六月から九月まで四ヵ月連載であるが、初回の「独立的分科」論批判で、ほぼ論旨は尽くされている。「何故に、……独立的分科なる字句を偉がって振り廻す人があるのでしょうか。……彼等は科学と業権とを混同しているのです。」「学」の土台の上に「業」がある。これが佐藤の主張のキーポイントである。

佐藤は、歯科医の業権の独立について尽力した一人である。だから当然、独立的業権を尊重する。「之れは吾人の先輩の尽力に依りて歯科医師法が制定せられ、初めて確保せられた所の吾人の権利であって、之は天地間唯吾人のみが有する処の特権であります。* 医師でも何でも之を犯す事は出来ないのであります。(18)」

「私は歯科医師は医師の一部分であるとは思うておりません。歯科医師は医師から全く独立した る職業であると信じております。但し之は永久不変であるとは思うておりません。」職業身分において歯科医師を重んじるからこそ、歯科医学は医学の一分科だということは譲らない。しかし、職業の独立もまた「永久不変」ではないと言う。

歯科医師法改正（第2次）の議論で、「一方歯科医学なるものは昔も今も医学の一分科なる事に於いては決して変化はないのであります。……即ち歯科医学は歯科医師を支配すべきものであって、歯科医師が歯科医学を左右する事は出来ないのであります。」職業身分を支えるのは学問であるが、身分によって学問が左右されることはないと主張する。

専門学校の認可を受けて、そして大学の傘下に入る準備に入って、佐藤は改めて「立場に就いて」をもって、「歯科医学は医学の一分科」であるという主張を世に問うたのである。

佐藤は「業権の独立」の重要性を認めながらも、歯科は「医学の一分科であります。独立も従属もない」従って「独立的分科」などというのは馬鹿げた主張だと繰り返す。

「亜米利加色もいけません獨逸色もよろしくありません、況《いわ》んや本郷色も神田色も駄目でありま

＊　歯科医師法第二次改正案は、日本連合歯科医会常務委員（榎本積一、血脇守之助、奥村鶴吉ら）の努力によって帝国議会を通過し（大正五年二月成立）、歯科医業および歯科医業のうち「金属充填、鑲嵌、義歯、歯冠継続及架工、歯列矯正並びに口蓋補綴の技術に属する行為」（改正歯科医師法第十一条第一項）について独占業務となった。

す。[19]」

当時の歯科はほとんど補綴修復の技工学と言い換えてもいいようなものだった。佐藤は言う。部分義歯の技工的方面の発達は目まいを感じさせるほどだ、[*]「新帰朝者連は口を極めて此の技工的方面の情勢を吹聴致します、之を傳えきいた人々や、之を聞き囓《かじ》った人々は申します『それだから言わないことではないのだ齒科學は全く独立した医学の分科ではないか……』と。[20]」

新帰朝者が伝えるのは、中心感染説によって様変わりした米国の歯科医学であった。再びの引用となるが後に佐藤が、この当時の米国留学生について、「一九〇〇年に終業してきた人と、一九一〇年代にやった人と、また二〇年代とはみんないうことが、往々違っていることもあります。[21]」と語るのはこのような事情があるからであり、そしてその事情が米国の歯科を医学から独立した分科として成立させる大きな要因となったのである。

しかし佐藤は、中心感染説については、ブームを排して冷静に病巣感染の学説として解釈している。「医学的素養なくして中心感染問題が解釈出来ましょうか、抜歯致死事件に正当なる議論を挿む事が出来ましょうか。[20]」

罵詈雑言、中傷、捏造の渦

佐藤の、論争するなら学術的な議論をしよう、という次の下りは、ほとんど怒りにも似た感情を表している。

「学術的の見地から御小言を頂戴致したき事、私の科学には詈罵《りば》や虚構や、中傷や、捏造などで」解釈される問題はありません。「御叱言を頂戴する前に、先ず御意見を願いたき事……要は、初めから敵対行為はご免を蒙りたく……感情問題や党派根性を離れて、真面目に、吾人の科学の立場を御考え下さいまし。(22)」

しかし、このとき事件が起きた。佐藤のこうした姿勢がここから始まる一連の事件の引き金になったのかもしれない。佐藤は、この文章で予言したかのように、学術的見地とは似ても似つかない敵対行為に襲われる。この「立場に就いて」3回目の原稿を書き終えた翌日七月十一日のことである。『東京學生新聞』というスキャンダル紙が、東洋歯科医専の認定を「文部当局の大醜態」とし、「東洋歯科の内情暴露」と題して、その本科一年生を「色仕掛けの学生募集、売淫《ばいいん》國の棚牡丹《たなぼた》娘」と大見出しで侮辱したあきれるほどスキャンダラスな記事を掲載した。そして、その日の夕方から数日にわたって駿河台の街角数カ所でその記事を宣伝するビラがまかれたのである。(23)

＊　「『リンギュアルバー』の応用と云ひ、『アタッチメント』の応用と云ひ、可動可徹架工歯と云ひ、陶剤作業と云ひ技工的方面の發達は誠に目も眩せん計り盛なるものがあります」と部分義歯の技術的発達に言及している。

この事件は予想もしなかった展開を見せる。その結果、佐藤の「立場に就いて」は議論になることもなく、人々の記憶からすっかり消し去られてしまう。余談だが、この事件を調べていて、奇妙なことに、この事件を伝える大正九年の雑誌『醫報』は、まるで呪われでもしたかのように、紙が褐色に焼けていて、ページを開くとコピー機のガラス面にハラハラと紙片が落ちた。この事件を伝える雑誌一年分だけが、ひどく風化が進んでいるのである。理由がある。この一九二〇（大正九）年という年は、大恐慌で紙が不足して印刷用紙が暴騰した。『醫報』は、元々安い紙を使っていたが、この年、一段と紙質を落とした。

前年、異常な好景気で、商品や株式への投機により後に言うバブルが生じ、庶民が株に手を出し、そこからジェットコースターのように奈落の底に突き落とされた。戦後恐慌と呼ばれるものである。春から夏にかけて銀行の取り付け騒ぎが続出し、その数は百六十九行に及んだという。この年、米国では、酒類の製造、販売、運送を禁じる悪名高い禁酒法が成立し、ギャングとジャズが夜の街を支配するようになる。ジャーナリズムの一部は、スキャンダリズムと同義語になる。

東洋歯科医学校が、医専になって最初の学生を迎えたのは、このような年だった。医専認可がお祭り騒ぎにならなかったのは、大学令で学制が変わっただけの理由ではなかった。医専になって、入学資格は十七歳以上の中学卒業者、修学期間も四年といきなりハードルが上がった。国家試験免除は、いつになるか分からない。早くても開校後二年以上かかるとされていた。新聞広告を打って学生を募集したが、初年度の応募学生は二十三人、追加募集をしても、わずか三人増えただけだった。学校をつくって日の浅い東洋歯科医専は、厳しい船出を強いられたのである。そして銀行の取り付け騒ぎが全国に拡がり、世間が騒然としている時に、駿河台の街角のあちこちで新しい医専への誹謗中傷を大書したビラがばらまかれるという事件が起きた。

「學生新聞一部五銭」と号外の宣伝を装って、新聞の売り子が「色仕掛の學生募集」「咄々《とつとつ》聖代の大快事」と大書した紙を肩から吊して駿河台・神保町の辻々に立ち、数日にわたってビラをまいたのである。その記事も記事で、「文部省専門学校認可を得て初めて生徒を募集した結果応募者の数驚く勿れ僅かに二十三名……文部当局の大失態と見做すべき」「ドクトル佐藤運雄氏の設立経営にかかり八萬円の財団法人組織をもって認可を申請したものであるが、これは表面の形式であって事実はかなりの暗中飛躍が試みられてあるのである。」「佐藤氏は初め満州の成金であると称する大連の建築請負師相生由太郎氏に金を出さしめ自分の家財としては二萬五千円を計上してあるが、家財というのは殆ど図書の種類で……」佐藤氏が拾ったような古書に高い評価額を付けて当局に取り入ったというような中傷記事だった。*

* この時代の「東京學生新聞」を確認することはできないが、全文を歯科醫報「東洋歯科医専の名誉毀損事件」大正九年八月が転載している。

この事件そのものは、今で言えば安手の週刊誌のスキャンダル記事のようなもので、見出しが人目を引くほどに内容はなく、肝心の「色仕掛け」についても、記事には「一案を遂に実行する事にした。それは男女共学と言う事である。」と一行あるのみだった。佐藤は、即日抗議文を送って、無視を決め込むところだったが、侮辱を受けた生徒たちが黙ってはいなかった。

「母校の名誉侵害！　吾等の名誉毀損！　校長の名誉傷害…痛憤の血潮に沸騰した在校生徒一同」は生徒大会を開き、学校側に相当の処置をとることを求めた。入学してわずか四ヵ月足らずの生徒たちだが、佐藤校長のメディコデンタルの薫陶《くんとう》を受け、プライドを高めていたときだけに憤りは尋常ではなかった。

「我等は斯学《しがく》に忠実なる学校の趣旨を克《よ》く諒解している。我等に懇篤《こんとく》なる示導を授けられつつある学識人格共に高遠偉大なる佐藤校長の抱負の前に敬服している」と生徒たちは、その高邁な精神が破廉恥に踏みにじられたことに憤慨した。今ここに引用したのは、事件を伝える『醫報』の記事(23)である。

名誉毀損事件の意外な顚末

ここで舞台は暗転し、事件は第二幕が開く。この『醫報』の記事が思わぬ災いを引き起こすことになったのである。

この『醫報』の記事が出るとすぐに、東京歯科医専の同窓会（東朋学士会）が反応した。東朋学士会は、五人の調査委員を選んで調査を委ねた。この『醫報』の記事は、学生新聞のスキャンダル記事の情報の出所を詮索し、記事の背後に東京歯科医専の関係者がいることを露骨に匂わせる内容だったからである。

「學生新聞社の某は不断歯科遅報社へ出入りしている事実もわかり、尚詮議の歩が進むにつれて、該記事に関し、某歯科醫專の重職にある奥暗某他二三氏が影役者として學生新聞社を使嗾《しそう》しつつあった事実も判明した。」

「歯科遅報社」は「歯界時報社」、「某歯科醫專」は「東京歯科醫專」そして「奥暗某」が「奥村鶴吉」を暗示していることは、だれの目にも明らかだった。

「初めから凡その見当はついていたから、時報の豆田某が右原稿の提供者であることは敢えて今更不思議でないが、奥暗某他二三氏が本事件の密接関係者であったことは、奥暗某其他の平素の標榜を裏切った甚だ奇怪の事実と喫驚された。」

ここでは、「時報」と書いてしまっているので、前田慶次を「豆田某」と言い換える意味はないのだが、繰り返し名前を挙げて悪口雑言を重ねるのに、実名よりも「豆田」「奥暗」の方が都合がよかったのだろう。

『醫報』が、学生新聞社の背景に『時報』ありと断定した根拠は、学生新聞社記者を問い詰めた結果の告白によるものらしいが、その告白は『學生新聞』がばら撒かれたのと同月の『時報』*のスキャンダラスな記事と符合した。『學生新聞』とそっくりの文章が、その月の『時報』に載ったのである。

そこには、見開きに近い大きさの一枚の戯画が掲げられていた。蜘蛛の巣の張った門柱、そこには東洋歯科医学専門学校と書かれているのだが、その校舎をバックに額の汗を拭き拭き演壇に立つ口髭の紳士が大きく描かれている。そのペンをもつ手を伸ばした先には頭の禿《は》げ上がった紳士が原稿用紙を差し戴いているという図柄である。ご丁寧にも、その紳士の乗っている踏み台には「歯科醫報」と書かれている。そして余白には、あの学生新聞とそっくりの男女共学を揶揄《やゆ》した文章があった。「殊に別科は男女共学を実行いたし居り候へば涼風に浴しつゝ異性と談笑の裡《うち》に技工を弄せんか愉快極まりなく」さらに、「校長先生はドクトルを二つまでもご所持に相成り文芸の才あり目下美文を以て『死灰岳の立ちん坊』と題する業績をご発表中に有之」とある。

「死灰岳の立ちん坊」は、しかいがくのたちんぼう「歯科醫學の立場に就いて」を揶揄したものだ。もうここまで来ると、諧謔《かいぎゃく》を通り越して下品であるが、前田が敵視しているのは、『醫報』に連載されている「立場に就いて」であった。

この『時報』の戯画をもって『醫報』の松田は、学生新聞のスキャンダル記事の背後に『時報』の前田がいると断定して、スキャンダルの出所詮索記事をものしたのである。ここまで来ると、

『時報』前田と『醫報』松田の泥仕合であるが、ここに佐藤が、巻き込まれてしまう。

それにしても、敵と味方に分かれて、互いに嫌みや当てこすりを投げつけ合う様子は、読んでいるだけでも不愉快なものだ。立場が変われば善悪の基準も変わる、視点を変えれば正邪は変わるというものの見方は、この時代には未だない。この世界大戦直後というのは、わが国の都市でも民衆が大きな勢力となって世の中の前面に出てきた時代である。大衆が姿を現したのだ。因みに欧州の後進国ドイツで国家社会主義ドイツ労働者党（略称ナチ）が誕生するのは、一九二〇（大正九）年である。わが国でも民衆の実力行使が社会を揺るがし、普通選挙を実現するまでになる過程は、後に大正デモクラシーと呼ばれる。知識人でさえ、善悪二元論を疑わなかった。今の感覚ではちょっと違和感があるが、一方に正があれば他方は邪、此方が善であれば、彼方は悪という二項対立が常識だった。佐藤は、この馬鹿げた二項対立に与《くみ》することはできなかった。ために、この泥沼は佐藤運雄をさらに深みに引きずり込んでいく。

東朋学士会が選んだ五人の調査委員は、調査に乗り出した初日、『醫報』の主筆松田英雄を尋ねる。ここで松田は、記事の責任はすべて自分にあると言いながら、内容については「寧《むし》ろ東洋歯

＊　歯界時報3巻7号　駿臺通信

科医専校々長佐藤運雄氏に質《ただ》さるゝを便利なりと思惟す。」佐藤氏に聞いてくれと答えたのである。ジャーナルの編集主幹にあるまじき無責任な姿勢だが、これによって事件は佐藤のスキャンダルに変わる。

「佐藤氏の人格に対し深く敬信の意を致せる」調査委員らは「事の意外なるに一驚を喫したるも」と『時報』の記事は書いている。『學生新聞』の中傷記事といい、第二幕の顚末を伝える『時報』の記事といい、いずれも人格者佐藤運雄が登場人物となることに驚いた様子を伝えている。

穿った見方をするならば、破廉恥なスキャンダル記事を書かせて、それをばら撒くように指示した者は、あくまでも温容な学者として振る舞いながら三崎町の意向には公然と異論を唱える佐藤の鼻を明かすというストーリーを描いたに違いない。こうして早くも、調査初日の午後には、佐藤を訪ねて「……記事の出所は繫って前田氏に在り、」と確かに『醫報』の松田には言ったが、奥村氏云々ということについては絶対私は関知しない、という佐藤氏の言質《げんち》を得たのである。(24)

佐藤の血脇に対する尊敬の念は深い。たとえ制度や教育についての考え方が違うとしても、それで人としての信頼が揺らぐものではない。血脇が全幅の信頼を置く以上、奥村についても敬意を失わない。佐藤はそういう人である。ここで、奥村の名前を挙げたかどうかという事実は、佐藤には決してゆるがせにできないものだった。もちろん松田にとっては、前田も奥村も同列で、面白おかしく対立を描いて読者の注目を集め、前田の『時報』に一矢報いれば、それでよかったのだろう。

佐藤運雄　ケツをまくる

さて、松田と佐藤氏の二人の言い分が異なるので、五人の調査委員は翌日に再び松田を訪ねたのだが、松田はその弁明の証拠として佐藤氏から受け取ったとする書簡を提出する。

その書簡には、寺木君や牧君は共に仲裁の労をとっている立場なので思い切って書けないと思うが、「あなたの立場では、余程はっきり書いても問題ないと思うが、実名を露骨に書くことは迷惑にならないでしょうか」*という一文があった(24)。さあ、調査二日目にして佐藤氏が『醫報』による奥村氏、前田氏中傷を使嗾《しそう》する事件に発展したのである。勿論、この手紙に奥村氏の名前はおろか前田氏の名前も書かれていたわけではない。しかし、松田の勝手な創作ではないことははっきりした。

考えもしない展開だが、当初の『學生新聞』のスキャンダル記事が仕組まれたものであることを考えると、どこかでこの展開を知ってほくそ笑んでいる者がいたはずだ。事件は思いがけない展開をみせたが、この事件を仕組んだ者にしてみれば計算どおり、あるいは予想以上の展開をみせたのである。

ここから佐藤氏追及の手は厳しさを増し、調査は東京歯科医学院関係の二つの同窓会を加えた実行委員会となり、佐藤氏はそこに召喚されることになる。

＊「貴所の立場よりしては餘程立入りて書かれても差支えなき様に思われ候へ共姓名を露骨に書かるゝ事は貴社の御迷惑に不相成候や」

おそらくはストレスのために佐藤氏は持病を悪化させ、実行委員会の召喚に対する返事は悲痛でさえある。指定の場所に何時でも出向いて会いたい旨へりくだって申し出ながら、病状は軽快したと言うものの「一、随者同道の事（但し別室に迄）　二、疲労の為め或は随時休息希望の事*」と条件を願い出ざるを得ないのである。そこで三同窓会の実行委員七人は、京橋の佐藤邸を訪ね、佐藤氏の謝罪の意を持ち帰り、交渉代理人に川合渉氏を指定する。訪問の翌週には佐藤氏から実行委員会宛に謝罪の手紙が届く。その書簡には、「累を及ぼせし人々並びに配慮を煩わせし諸兄に対し衷心慚愧《ざんき》に堪えざる次第に御座候」に続いて、処分が「たとえ自分の地位あるいは職業に関するとも毛頭異存ない」と記されていたのである。

スキャンダル記事でひどく名誉を傷つけられたのは佐藤だったはずだ。ところが、生徒たちの憤懣を雑誌社にぶつけたことで、被害を受けた佐藤が今度は中傷事件の責任を問われ、そこに敬意をもつべき奥村氏に累が及ぶとなって、ついに地位も職業も「貴命を待って従わん所存に有之」と書くに至ったのである。

のちに横地は、「なんたって両雄の谷間ではじめた学校だものね。意地悪さはひどいものだった。だから先生は怒っちゃったんだよ。[25]」と回想している。温容な佐藤が、温容さを失った。佐藤は、怒りを外に向けない、君たちがそこまで言うなら、俺を好きなようにしろ、そういう怒りの表し方である。東京歯科医専の三同窓会から追究されて、「(俺の)地位も職業も惜しまない、好きなようにしろ」と、ついにケツをまくったのである。

夕刻に佐藤からの書簡を受け取った実行委員長は、夜に委員を招集し、深夜に佐藤と川合に迎えを出し、直接に全面謝罪の言葉を聞くと和解書を作成、翌日にその和解書について諾意を知らせて来ない佐藤に返事を催促するのだが、その文面は「貴下のご進退に関する条項は貴下のご自発に待つものに候」と進退までは求めてはいない、その件は保留にしたい、と慌《あわ》ててなだめたが、佐藤は「和解書に考慮を要する点あり」と返した。その六日後に最終協議が西神田倶楽部で開催されることになった。

ここまでスキャンダルの街頭ビラまきから始まり、そのスキャンダルを報じた記事中の出所にかかわる舌禍事件の第二幕が上がり、三同窓会実行委員会の追究が続き、奥村氏に罪を着せたという濡れ衣には抗弁が許されず、最後は佐藤が腹を切るとでも言わんばかりの結論に至る。随分大袈裟な騒ぎになったものだが、最終協議は、さらに一段と大がかりなものになる。この最終協議の場には、記事の出所を疑われた医専側から血脇守之助、花沢鼎、他方この事件の成り行きを心配する富安晋、荒木盛英、山本茂三郎の重鎮合わせて五名が立会人になって出席することになった。

歯科界重鎮五名の立会いの下、実行委員会の経過報告と佐藤の謝罪、立会人ほか出席者の意見交

＊「御指定の場所に何時にても罷り出で拝晤を得度と希望仕候。」

換などに続いて和解書の交換、佐藤より奥村、前田両氏への陳謝文送達の約束、そして真相を各歯科雑誌に発表することなどなど、会合が終わったのは、午前四時半のことだったという。翌日三同窓会実行委員会代表者は、立会人に感謝状を贈っているが、その文面にも「和解書中佐藤運雄氏の一身上の進退に関する事項は本会において必ずしも実行を強いるものにこれなく」まったく佐藤氏の自発による考えだと弁明している。そして佐藤が奥村と前田に陳謝文を送った十月二十二日の夜、日比谷淘々亭に仲裁人など実に三十四名の関係者を呼んで酒食懇談、大団円となったのである。(24)

およそスキャンダルビラ事件から始まったこととは思えないこの舌禍《ぜっか》事件の詳細な顚末は、いくつかの関係雑誌で克明に報告された。当然、佐藤の「立場に就いて」の論説など、話題になることもなく吹き飛んでしまい、この最終決着の四ヵ月後、あたかも「進退について」始末をつけるかのように、東洋歯科医専は日本大学との合併に至るのである。

後年、中京歯科評論の高津弌（後の日本歯科評論社長）は、記事の出所について微妙な話をしている。

「佐藤先生に怒られた話があるんだ。『男女共学の色仕掛で生徒募集した』ということを書いたところが、それが赤新聞に出たから、『もう少しものをきれいに書け』と、怒られた。東洋歯科医学専門学校の初めのころだよ。色仕掛で、東京夕刊に出たんだよ。一応なぜ照会しないかと。(26)」

赤新聞とは、スキャンダル暴露記事をネタに、ゆすりたかりをする新聞の類《たぐい》で、明治の大衆紙『萬朝報《よろずちょうほう》』が薄紅色の新聞用紙を使っていたことからこのように言う。高津には、この事件が佐藤に与えた傷の深さを理解していた様子はない。

第9章引用文献

(1)「官僚歯科醫界の現状」『歯界時報』2(5)、32～33頁、一九一九年

(2)長尾優「一筋の歯学への道普請」、X頁、19(以下『道普請』、X頁、19)

(3)『歯界時報』3(8)

(4)『道普請』、22頁

(5)『道普請』、26頁

(6)石原久「将来の歯科医育 石原久」『歯界時報』9(8/9)、歯界時報社、一九二六年九月

(7)吉澤信夫「東京歯科大学が各種学校から専門学校昇格に至る歴史的背景(3)東京歯科医学専門学校誕生までの経緯」『歯科學報』113(4)、43頁、二〇一三年

(8)『歯界時報』3(1)、1～5頁、一九二〇年

(9)金子譲ほか「大正後期から昭和初期における歯科医学教育 第1編 米国ガイス報告と東京歯科医学専門学校」、歯科医育調査会、『歯科學報』116(1)、17～36頁

(10) WI Gies: Dental education in the United States of America and Canada: a report to the Carnegie Foundation for the Advancement to the teaching. Carnegie Foundation, New York, 1926.

(11) 佐藤運雄「歯科醫學の立場に就いて（一）～（四）」、『歯科醫報』8（6～9）、一九二〇年

(12) 佐藤運雄「医師と歯科医――一元化が急務――日本大学医学部20周年記念祝賀会　理事長挨拶」、『佐藤運雄先生八十賀記念寫眞帖』一九五八年十一月

(13) 山岡萬之助「叢談所感」、『東洋歯科月報』3（6）、38～39頁、一九二三年

(14) 土屋清三郎「医師の観たる歯科医制」、『日本之歯界』4（1）、6頁、一九二三年

(15) 日本大学『日本大学90年史』、584～585頁、一九八二年

(16) 日本大学『日本大学90年史』、585頁、一九八二年

(17)『日本之歯界』316、72頁　一九二二年

(18) 佐藤運雄「歯科醫學の立場に就いて（一）」『歯科醫報』8（6）、7頁、一九二〇年

(19) 佐藤運雄「歯科醫學の立場に就いて（二）」『歯科醫報』8（7）、5頁、一九二〇年

(20) 佐藤運雄「歯科醫學の立場に就いて（三）」『歯科醫報』8（8）、6頁、一九二〇年

(21)『歯界展望』17（1）、一九六〇年

(22) 佐藤運雄「歯科醫學の立場に就いて（一）」『歯科醫報』8（6）、5頁、一九二〇年

(23)「東洋歯科医専の名誉毀損事件」『歯科醫報』、10～13頁、一九二〇年八月

(24) この項すべて「奥村鶴吉　前田慶次　両氏に対する中傷事件の真相」『歯界時報』3（12）、一九二〇年

(25) 横地秀雄ら「座談会 東洋歯科医学校の追憶」『歯学部六十年史』、316頁、一九六八年

(26) 高津弐ら「佐藤運雄先生を偲んで」『生誕百年記念誌』、10頁、日本大学歯学部 佐藤会、一九八二年

10章　日本大学専門部歯科設立と歯科医師廃止論

医師資格取得運動が引き起こした歯科医師廃止論

大正十年十月、日本大学専門部歯科が設立された年の秋、佐藤は『東洋齒科月報』を創刊した。このときすでに東洋の卒業生は、千六百人に達していた。佐藤にとって、学術誌の刊行はこれが初めてであった。その誌名に『東洋齒科』の名を冠した。東洋歯科が学校名から消えたときに、学術誌名としてその名を残したのである。その創刊の辞で佐藤は、わざわざ「同窓會を悪用する處の弊風なきに非ず」と同窓会の政治的利用に苦言を呈し「已れの勢力を扶殖し、已れの權力を強大ならしめんが爲に」奉仕の精神を使うまいと宣言している。スキャンダル記事の出所に言及した舌禍事件で徹底的に痛めつけられてから一年後のことである。同窓会というものは、医療に従事するものが卒業後も学問を続け、奉仕の精神をもって社会貢献するためにある、というのが信念である。一巻二号（大正十年十一月号）には、佐藤本人による「歯槽膿漏に関する最近知見の批評的観察」、翌月には「根管治療法に就いて」を掲載している。

この『東洋齒科』の編集責任者は中川大介であるが、創刊から三号までの編集実務は「齒苑《しえん》社」を設立し雑誌『齒苑』を創刊した今田見信が手伝っている。(1)『東洋齒科月報』を手伝いながら、今田は奥村文平とともに創刊したばかりの雑誌『齒苑』を『日本之齒界』に改題する。当時、開業医が発行する雑誌として医者の言論の一角を成していた『日本之醫界』に瓜二つの誌名である。おそらく日本之医界社々長の土屋清三郎と親交をもち、深く感化されるところがあったのだろう。そして、この誌名改題とほぼ同時に、『日本之齒界』は医師資格取得運動に深くかかわる。『日本之齒界』は、佐藤に傾倒する今田と奥平の雑誌であるから、三崎町派でもなく富士見町派でもない、そういう呼び名はなかったがいわば駿河台派の雑誌が誕生したと世間はみた。

「医師資格取得運動というものが起こった。これは東大の歯科医局の中から起こったんですけれども、そのときにはやはり当時の中心人物は皆東洋出身者です。それでその理論づけの文献は佐藤先生からいただいて、私が作文して、議会に請願書を出したり、雑誌などにも論説を書いたりしたのでした。それは今日初めて白状いたします。(2)」後の今田の述懐である。

医師資格取得運動とは、歯科医が短期間の追加的修学で医師の資格を得ることができるように制度改革を求める政治活動である。世論を喚起し、賛同者を集めて国会請願により、医師法の改正をすることを意図した。この運動は、東京帝国大学の歯科に在籍していた歯科医稲生俊、*大鷹仁太郎、瀧澤保五郎らが「歯科医師に勉強させて医師とする進路を開拓して欲しい」と訴えて、主だった医師の意見を聞いて回ったことに始まる。稲生俊は、その意図について、例えば口腔梅毒の患者に根

＊　稲生俊の名前は、他に「竣」「浚」と記載するものがある。

治治療をした後、補綴処置をすべきところ、現状では局部治療しかできない、また死亡診断書を作成できないとなれば口腔外科の範囲は徹底的に制限される、と窮状を述べている。(3) このような歯科医の苦衷を訴え、それを解消するために医師になる道を拓きたいと世間に問うたのである。

稲生は、石原教授の紹介状をもって大家を訪問したということだから、当然と言えば当然だが、彼等が集めた医師の意見には石原教授の一元論が濃い影を落としていた。

稲生らが医師の大家に意見を聞いて廻る一方で、今田は、歯苑社編集部として関係各方面に「一・歯科医学は独立の分科なりや否や。」に始まる五項目の問い合わせ文書（自由記述式アンケート）を発送し、その回答を『日本之齒界』誌に掲載した。

このアンケートに対する医師の大家らの回答は、必ずしも医師資格取得運動に賛同する意見ばかりではなかった。今田は、初めから、歯科医の医師資格取得に反対することが分かっている人物にも意見を聞き、その反対意見をそのまま載せている。

『醫學及醫學人』の森鷗次郎は「歯科医師に医師の資格を得せしめようと言う様なことは……根本的誤謬《ごびゅう》に囚《とら》われている」と断言している。大日本医師会の寺邑村一は、歯科医が医師資格を得ようということは「変態にして非なり。」と一蹴《いっしゅう》している。

大家とされる医師たちに、歯科医学の独立性を尋ねれば、「医学の一分科なり」という答えが返って来るのは当然である。今田は、医師資格取得の是非を尋ねたと言っているが、返ってきたのは歯科医師という存在に対する疑問、医師であって医師でない存在に対する疑問であった。

先に、歯科医専を拡充して改めて医専として認可を受けるという土屋清三郎の歯科医専解消論を紹介したが、土屋はその前提として、明確に歯科医師法の廃止、医制統一の観点から歯科医師という医師から独立した資格は廃止すべきだと主張した。歯科医師廃止論である。

『醫事公論』は、明治医会総会の席上で稲生らが意見を述べたことを紹介し、社説で、次のように書いた。

「明治三十六年彼の川上元治郎君、血脇守之助君等が新に歯科医師法制定に対して、大運動を起こしたる当時、之に反対の意志を表明したり。然る当時明治醫會を主宰せる川上元治郎氏等及び歯科医師会の運動は良く効を奏し、吾人等の主張は当局の顧《かえりみ》るところとならず。(4)」

日本にはすでにこの時代には、歯科医師という資格が厳然としてあり、歯科医師法はその根拠法として絶対的なものとして確立していた。ところが、その成立経緯を振り返ると、「川上元治郎君、血脇守之助君等が」主導した歯科医師法制定には反対していた、そもそもボタンの掛け違いだったという忘れられた主張が水の面に浮き上がって来る。少なくとも医師たちの中には、このような意見が珍しくはなかった。

今田が意図したかどうかは分からないが、今田は医師の間に忘れられていた歯科医師廃止の世論を呼び起こしたのである。

今田は、その当時の事情を後にこう語っている。

「わたしはちょうど開業したばかりだし、『日本之歯界』という雑誌の発行に骨身を砕いている頃です。稲生君、大鷹君らは毎日のように押しかけて来るんです。それで私はどうしようかと迷って、信濃町の自宅に佐藤先生の意見を聞きにいきました。わたしはいつの間にかトリコになって全面的に協力することになったのでした。(5)」

今田が「トリコになった」のは、「佐藤先生の意見」のように読めるが、「全面的に協力することになった」のは稲生らの医師資格取得運動であろう。暗に、今田は、その二つがイコールであるかのように匂わせている。

稲生らの最初の動機は、歯科医師が一定の課目を補修することにより医師資格を得る道を拓くというものだった。これは口腔外科の治療などで制限を受けている歯科医の切実な願望であった。ところが、今田はこれをきっかけに、医師の大家らに医師－歯科医師二元論の是非を問いかけた。そのときに返ってきたのは、歯科医師法の撤廃であり、歯科医師という職業身分の廃止であった。

今田は、この二元論の是非を問うきっかけが、佐藤の意見に触れてそのトリコになったことだと語っている。これは、贔屓《ひいき》の引き倒しというものだろう。佐藤は一度として自説を一元論に単純化したことはない。彼自身は一元論という言葉を使ったこともない。

晩年の座談で、東京歯科大学教授だった関根永滋（後に同大学学長）に「先生の御希望のように、医学をもってきたわけですね。」と水を向けられたのに対して「そうです。その間には諸君も知っている通りにいろんなことがあった。一元論なんかね。僕はそうは言わないけれどもね、」と、一元論という表現を意識して使わなかったことに触れている。[*1]

今田は別の機会に、さらにはっきりと佐藤の関与について語っている。

「裏面では佐藤先生は協力してくださったが、表に立たれるとかえって反対が激しくなるからと川合先生などの意見もあって、遠慮していただいた。『おれはひっこんでるから、君たちやってくれ』ということであった。べつに金ももらいもしなかった。軍資金はどこからも出なかったけれども、東大医学部の教授連の中には、じつによく協力してくださった先生[*2]の協力があった。(6)」

稲生らは、同志二十数名を集めて医師資格取得期成同盟会を設立、賛同者を募って、国会請願署名を集めた。賛同者には、整形外科の大御所・田代義徳、医政通で知られる林春雄、法医学の泰《たい》斗《と》・片山国嘉ら多くの著名な医師が名を連ねた。

＊1　昭和三十三年の日本歯科医師会の「佐藤運雄先生　若き時代を語る」という座談会(6)で、そのように語っている。この当時、関根永滋は東京歯科大学教授、後に同大学学長

＊2　今田は、よく協力してくださった先生として、片山国嘉、入澤達吉、宮本仲、田代義徳、木下正中、中原徳太郎、林春雄の名前を挙げている。

歯科医師廃止論

今田が、医師の大家らにアンケートを送った一ヵ月後、聯合歯科医師会長の血脇は、加盟団体に「この（医師資格取得運動）主唱者の意向は、……現在の制度を否定するものとの結論に達した」との書面を送達した。資格取得運動の姿をとってはいるが、血脇はここに歯科医師法の否定を読んだ。これを機に、東京歯科の同窓会東朋学士会は、この運動に「参加せざること」と会員に警告を発した。医師資格の取得はもっともなことに見えて、その実、この運動が歯科医学の独立と医育の方針を根底から破壊するものと見たからである。「本運動の主唱者等は……歯科医師制度の廃止、石原氏の所謂医育統一論に帰着せざるべからず。」いろいろ言っているが、結局は石原教授の医育統一論になるのだと断じた。(7)「医育統一」の美名を提げ……歯科医師法を廃棄して、歯科医を医師法の下に拘束せんとす。」医育統一とは、聞こえは良いが、内実は歯科医を医師に隷属させるものだという主張である。

中原市五郎の『歯科新報』も、いち早く反対意見を表明した。(8)歯科は「医学に隷属すべき性質なりや将又《はたまた》独立医学なりや」と、ここで独立分科ではなく新たに「独立医学」という用語を提案している。

両校の学士会が、反対決議を挙げると、各地の歯科医師会がそれに続いた。学術誌『歯科學報』

としては、珍しく「都下歯科界は殆ど全般に亘りて反対の烽火を挙げた」と激しい言葉で、反対論の拡がりを報告している。(7)

『醫報』は、医師資格取得運動に反対する一連の動きを報じる誌面に、帝大歯科と書かれた冠を戴き、石原の紋の入った羽織を着流した男が、大股を開いて片足を上げ、「歯科医廃止」と書かれた下駄で、歯科医らしき男を今にも踏み潰そうとしている風刺画を載せている。

資格取得運動は、国会請願を前に、四面楚歌の状況に追い込まれた。そして普段、角を突き合わせている業界雑誌・学術誌が共同して、この運動に反対することを決めたのである。大正十一年の暮れ、大日本歯科新聞雑誌協会は決議をあげ、[*1]大正十二年一月の雑誌誌上に、各社が足並みを揃えて「医師資格獲得同盟会の計画に反対する」との声明を出した。[*2]これに同調しなかったのは、今田

＊1　大日本歯科新聞雑誌協会は、次のメンバーで反対の協議をしたと歯科学報は報じている。日本之歯界（奥村文平、今田見信）、歯界時報（前田慶次）、歯科医報（松田英雄）、中京歯科評論（市川勝雄）、東洋歯科月報（中川大介）、歯科新報（青木貞亮）、歯科学報（風間又四郎）。協議には今田も、中川も参加している。ただし、反対決議には「但し『日本之歯界』を除く」とある。

＊2　歯科学報社、歯科新報社、歯界時報社、歯科医報社、中京歯科評論社の五社は、大正十二年一月十二日付けで、「本邦に於ける歯科医師並びに医師に関する法令の区画は適切なりと認む。依て吾人は此が発達助長の促進を望む。前掲の趣旨により近時宣伝せらるる医師資格獲得同盟会の計画に反対す」との決議を公表した。

の『日本之齒界』一誌のみだった。

こうした逆風の中、稲生らはなんとか、「歯科医師より医師たり得可き特別法制定に関する請願」の国会請願に漕ぎ着けるのであるが、請願委員会で審理に入ったところで請願者のうち二十名から署名取り消し申請があって紛糾、さらに審理を続けるなかで請願取り消しの届けが書簡や電報で届き、取り消しは四十名に膨れた。請願は衆議院請願委員会の5回の審議を経て、結局、不採択となった。[*1]

『時報』の前田慶次は、署名記事「請願歯科医師に誨《おし》ふ」という不遜なタイトルの論説で「篤学の士佐藤運雄君」と見出し風に活字を大きくして「その学校の教授中錚々《そうそう》たる名声ある某君が、此の署名者として調印せられているのは、(理解に苦しむ)。…此の如き請願に日本大学歯科部(ママ)の教授として署名調印するは、諸氏の学識技能、歯科医育者たるの器にあらざることを自白するに等しく、またおのれの学校を侮辱するに等しい。(9)」「篤学の士」と世評のある佐藤を、ここに引きずり出す前田の筆法は、ほとんど嫉妬と呼んでもいいものだった。署名者のなかには、日本大学歯科の教員では谷内賢司の名前があったが、前田が責め立てるのは、佐藤の懐刀《ふところがたな》である中川大介が請願に名前を連ねた事実である。『東洋歯科月報』の代表として中川は、新聞雑誌協会の協議に参加して「之(請願運動)に参加するは、教育者として遠慮したし」と言っておきながら請願に署名した。前田は、このことの非を責めたのである。この運動への反対は、佐藤に対しても風当たりの強いものになった。

この請願不採択が報告された同じ時期に、日本大学専門部歯科の方にもいちゃもんがつけられた。新たに日本大学歯科高等専攻科の修了生が授与される学位称号「日本齒科學士」が、日本歯科医専の「日本齒科醫學士」と一字違いで紛らわしいという非難である。すでに文部省が認めたもので、たんなるいちゃもんなのであるが、紛らわしい、けしからんという非難である。『醫報』は、日本大学の専門部歯科スタートの生徒募集広告に、「本専攻科卒業生には日本齒科學士の称号を許可す」とあるのを取り上げて「『醫』抜きの齒科學士号——を授くる日大専門部歯科」という見出しで揶揄した。[10] 舌禍事件以来、「立場に就いて」を掲載した『醫報』も『時報』同様に反佐藤に転じたのである。[*2]

佐藤本人は、とてもそんなことを気にしてはいられなかっただろう。日本大学専門部歯科の設置

＊1　『歯界時報』6（3）、11～23頁は「笑殺せられた非望的請願問題」と題して、国会での審議を詳しく、請願者名、電報や書面で請願の取り消しを申請した者の名簿を掲載した。

＊2　『歯界時報』も次の見出しで同様の記事を掲載している。「学士称号について　新称号日本歯科学士の広告文を誤解せぬよう注意せられたし（河原文部省専門学務局第二課長談）」『歯界時報』6（3）、37～38頁、一九二三年三月

許可を得るとすぐに附属医院の改築に着手、並行して歯科医学校指定規則に基づく申請条件を整えるため、校舎の第二期増築工事を進め、その目途がついた大正十一年十二月に文部省に国家試験免除の申請を提出している。とにかく卒業生が無試験開業となるように、指定校の資格を得ることが急がれた。翌大正十二年六月には、前年三月に完成したばかりの東洋歯科医学専門学校新校舎の隣に校舎・附属医院の第二期拡張を終えた。水道スピットンの付いた治療椅子三十台をズラリと備えつけた治療室が完成したのである。

それからわずか二ヵ月余り、大正十二年九月一日午前十一時五十八分、首都圏を巨大地震が襲った。この日の午後一時に文部省の督学官島峰徹が調査に訪れる予定だった。(11) 国家試験免除の指定を決めるための現地調査である。

折悪しく、日本海沿岸を台風が北上しており、東京の市街地には南からの強風が吹き込み、大火災となった。東京十五区は、ことごとく火炎にのみ込まれ、新築の校舎も完成したばかりの増築棟も、当然自慢の治療室も一切が灰燼《かいじん》に帰した。

佐藤は、陣頭指揮を執って教員らとともに被災者救済に立ち上がり、両国国技館、芝公園、九段坂上、三崎町の日本大学本校焼け跡、本郷四丁目麗祥院内において無料診療を行った。そして一ヵ月後の授業再開を宣言し、十月十日日本医専の校舎を借りて授業再開に漕ぎ着け、その二ヵ月後には駿河台にバラック造りながら校舎を再建し、新校舎・附属医院再建の目途をつけて、大正十三年六月二十四日に国家試験免除の申請を出し直し、八月十九日に無試験開業資格の指定認可を受けたのである。からくも専門部歯科第一回十二名の卒業に間に合った。ほとんど奇跡的な復活だった。九月二十八日の十二名の卒業式の後、上野精養軒大広間において在学生三百五十名、来賓、教職員が参加して無試験開業許可指定の祝賀会が盛大に行われた。金井喜平治は指定祝賀会の一齣を次のように回想している。

「佐藤先生が、『落ちぶれて、袖に涙のかかるとき、人の心の奥ぞ知らるる』――『ここに集まっている諸君はみんな、長い間の苦労をしてきた人達』といって皆で感激した場面を思い出す。ほんとうにしんみりと、その時におっしゃったんです。[11]」

第10章引用文献

(1) 今田見信ほか「佐藤運雄先生を偲んで」『生誕百年記念誌』、105頁、日本大学歯学部 佐藤会、一九八二年（以下、「座談会 偲んで」X頁、一九八二年）

(2)「座談会 偲んで」、106頁、一九八二年

(3) 雑報「医師資格取得運動」『日本之齒界』4(1)、65頁

(4) 社説『醫事公論』

5) 今田見信ほか「座談会 東洋歯科医学校の追憶」『歯学部六十年史』、318頁、一九六八年

(6) 関根永滋ほか「佐藤運雄先生　若き時代を語る」『日本歯科医師会雑誌』11(10)、37頁、一九五九年一月

(7) 雑報「所謂医師資格獲得運動」『齒科學報』28巻(2)、69頁

(8) 説苑「歯科医師廃止論に反対す」『齒科新報』16(1)、27~30頁

(9) 前田慶次「主張・請願歯科医師に誨ふ」『齒界時報』6(3)、1~4頁

(10)「『醫』抜きの齒科學士号――を授くる日大専門部歯科」『齒科醫報』72号、一九二三年三月

(11) 金井喜平治ほか「座談会 東洋歯科医学校の追憶」『歯学部六十年史』、317頁、一九六八年

終章

「歯科学は医学なり」

この物語は佐藤運雄の伝記的なドキュメントであるが、同時にわが国における歯科医師および歯科医学の成立について詳細に跡づけることを意図した。医師とは別に歯科医師という専門職がどのように成立したのか、そしてなぜ、医学から歯科医学が独立分化することになってしまったのか。佐藤運雄という人物に焦点を絞って、裏側から照明を当てることにより、わが国の近代歯科の精神的成立過程を描くことができると考えたのである。裏側からというのは、医学－歯科医学二元論を表とすれば、佐藤は一貫してこの表舞台に与《くみ》しなかったからである。

そういう意図があったため、この物語は、佐藤が思い描いた学校の原型ができるところまで、すなわち東洋歯科医学校の設立でゴールになるはずだった。そして論説「齒科醫學の立場に就いて」を読み解くことで、佐藤運雄の意図したことを彼自身の言葉で紹介することができると楽観していた。そもそも学校の形が整うにつれて、公式に書かれた記録が幾らもあって、とても部外者が口を挟む隙などないからである。ところが助言する人があって、総合大学に歯学部（の前身）が誕生するところまでで一区切りとしようと浮気心が沸いた。実はそのとき、日本大学と合併するころには順風満帆、物語は大海原を駆けるように進むのだろうと思っていた。ところが調べ始めると、逆風につぐ逆風、この9章と10章がそれなのだが、学校の公式の記録としては書き残すことさえ憚《はばか》られるような出来事が次々と起きているのである。

このために、論説「立場に就いて」の連載は、中断したまま書き続けられることはなかった。晩年「佐藤運雄先生　若き時代を語る」という座談会で、東京歯科大学の関根永滋の問いかけに応えながら、佐藤は山田平太[*1]に向かって言う。

「それから雑誌に書いたのは、歯科学は医学なりというのだね。数ヵ月書いて、それに反駁されて、散々やってきたものもあった。山田君みただろう。あれは最後に僕がポンと釘を打ったところは、出さないのだから、人にも殆ど言わない。[*2]」

「ポンと釘を打った」とは、どんな釘を打ったのだろう。「立場に就いて（四）」は、死亡診断に全身を診る能力が求められることを述べて、フト尻切れトンボに終わっている。この連載は、この後、どんな議論で終わる予定だったのだろうか、教育論だろうか、法律論だろうか。

「立場に就いて（四）」が『醫報』に掲載されたときには、舌禍事件の渦中にあって、続きを書くどころではない。しかし、「ポンと釘を打ったところは、出さないのだから」と語っているところを見ると、愚にもつかない舌禍事件の大騒ぎのなかで、佐藤は続きの「（五）」を書いていた可能性

＊1　東京歯科医学専門学校出身。日本歯科医史学会の（歯学史集談会からの）設立に功績のあった歯科医師。歯科医事衛生史編纂委員。
＊2　昭和三十三年の日本歯科医師会の「佐藤運雄先生　若き時代を語る」という座談会[(1)]での発言

がある。破廉恥なビラ撒きは、この連載と専門学校の設立に業を煮やした何者かが企んだものと考えれば、佐藤はこんな馬鹿げたスキャンダルで、筆を折るわけにはいかなかったのだ。

「立場に就いて（四）」は、中傷ビラが舌禍事件に転じる二日前に脱稿し、『醫報』の松田に送られた。改めて読んでみると、そこには一元論と呼ばれるような、勇ましい議論はみじんもない。

「罵詈、讒謗《ざんぼう》、中傷何でも私は甘んじて受けます。私は私の努力により多少たりとも歯科医学の将来が邪道に陥るのを防ぎ得れば其れで満足であります。[2]」

そこにあるのは、当時の歯科に蔓延していた、医学的であることを嫌う風潮を憂慮する言葉である。

「私が物好きにも、粋狂（ママ）にも一部人士の反感を買いつつも、論争したくない人々とも論争し、言葉をかわしたくない人とも口をきくのは、誠に此点を憂慮するからであります。」歯科は医学的でなければならない。そして医者が、歯科に関心をもつことをむしろ歓迎すべきである。

「現在の歯科醫界には頗《すこぶ》る変調な思想が蟠踞《ばっきょ》して居ります。概して申しますと一般医師が歯科医学を攻究する事を嫌って居ります。歯科医が一般医学の方面に立ち入る事を嫌って居ります。[2]」

歯科は医学的でなければならないと言うときに、佐藤がイメージしているのは口腔外科のことではない。佐藤が、医学的であれと言って、もっとも大事にするのは、口腔衛生であり、外科処置の安全性である。

「社会は技工充塡の出来ると同時に口腔衛生の理會（ママ）し得らるる歯科医を要求して居ります。抜歯其の他の外科手術をして而かも生命に危険の起こらない様に考え得らるる歯科医を要求して居ます、根端感染問題の分かる様な歯科医を要求して居ます。(2)」

「根端感染問題」すなわち中心感染問題についても、歯科疾患が全身とかかわるなどという言わずもがなのことを言って満足するようなことはない。リウマチの見立てにおいて、歯科医が根尖病変に起因すると考え、内科医がリウマチと見立てて違いが生じ、歯科医が抜歯か根端切除、内科医が温泉に転地してサリチル酸製剤を飲まなければ治らないと言う。このとき、両者が立会診察をしたと仮定してご覧なさいと佐藤は言う。

「口腔衛生思想だの、歯牙口腔疾患と全身との関係だの、歯牙口腔手術の危険だの一般の社会に普及するのは決して長い時日の後ではありません。……口腔衛生問題だと言うて齲蝕の統計を作ったり、精々の処多少粗悪でない磨歯を製したりして満足して居られるのは極めて幼稚な時代であります。……少しく知識のある人は素人でも之では満足して居りません、彼等は如何にせば齲蝕の発生を予防し得るかという事を知らん事を要求するに違いありません。(3)」

医学的とは、医者の真似をすることを言っているのではない。検査（病態解析）に基づく診断学、病因論に基づく予防・治療学という思想のことを言っている。

う蝕の統計や歯磨き剤で満足していられるのは幼稚な時代で、すぐに人々はう蝕予防の方法を知ろうとするであろうと、百年後の私たちがギクッとするようなことを書いている。

そして、佐藤が「歯科学は医学なり」と繰り返すことは一見、蟷螂《とうろう》の斧のように見えて、いつの間にか各種の治療学として、あるいは予防歯科学として歯科学の中に静かに浸透していったのである。

口腔は全身を写す鏡

しかし佐藤は、つねにその先を見ていた。昭和になり、長い戦争期を経て、乞われて日本歯科医師会長になって進駐軍と渡り合って全国の歯科医師会を再組織化したのだが、その時代に「聊《いささ》かの小閑を得て」昭和二十八年に『口腔と全身性疾患』を出版した。社団法人日本歯科医師会からの出版であるが、ここに佐藤の「歯科学は医学なり」の真骨頂を見ることができる。

「著者がかような疑いを懐くことは明治三十六年に出版した齒牙充塡學の序文に於いて已に公表した所であるが、今尚お之れを擲《なげう》つことが出来ないのである。」実に、二つの大戦をくぐり抜けて五十年の歳月を経て、歯科医は全身を無視していないか、医師は口腔を軽視していないかと一貫して訴え続けているのである。

『口腔と全身性疾患』(4)は、シック（Franz Schick）の「疾患の鏡としての口腔（Der mund als spiegel der krankheit）」(5)というドイツ語の書籍に強い示唆を受けて書かれた日常臨床のハンドブックである。いま、『口腔と全身性疾患』というタイトルは、何処にもここにもあるが、この本では、「口腔が全身性疾患にこんなにも関係している」というよくある議論はほとんど一文もない。ここでは、口腔は全身を映す、全身のさまざまな疾患の兆候を映す鏡である。つまり、口腔を診る医師すなわち歯科医師はプライマリケア医となるべきだという考え方である。

まず、急性伝染病である。「早期診断 Early diagnosis を確定するには必ず口腔を注視せねばならぬ。[3]」口腔と急性伝染病は、コプリック斑の麻疹から始まる。麻疹のように口腔内に特有症候が出なくてもインフルエンザ、猩紅熱、痘瘡、チフス、流行性脳脊髄膜炎などには特徴ある症候があり、「このような患者は身体にはまだ異常がなく、口腔にだけ障害があるので先ず歯科医を訪れる可能性が高い。」だから歯科医には、間違いなく早期診断をする責務がある、これが本書の趣旨である。項目として挙げられた急性伝染病は30種に上る。続いて慢性伝染病3種、内分泌機能障碍18種と続くのであるが、心疾患が原因となって生じる歯痛や、心臓の弁膜症が原因となって表れる歯肉縁の帯状の暗紫紅色帯などなど、重要だが今なお忘れられることの多い記述に次々に出会って、本書の「疾患の鏡」という言葉のリアリティに感じ入ってしまう。タイトルは、「口腔と○○」と接続詞で結ばれているが、その内実は「口腔は○○」の入口であり、鏡というものである。その○○の一々について口腔症状にフォーカスして文献的根拠を引く抑制の効いた解説で、病因、病理、診断を述べている。

最近になって、「歯周病と全身疾患」「口腔細菌と全身疾患」といった議論が盛んだが、この佐藤運雄の『口腔と全身性疾患』という光をあてると、われわれが歯科から全身を遠く隔て、その両者の間の因果関係を探し出そうとしていることに気付かされるのである。現代の歯科医学の不幸は、医科 - 歯科二元論の頸木《くびき》から逃れられないことにある。

『口腔と全身性疾患』は、最後の第15章でようやく「口腔の特有なる疾患の全身的考察」として齲蝕、歯槽膿漏、口腔病巣感染症の全身的考察に至る。当時、歯と全身他臓器とのかかわりと言えば、海外では歯性病巣感染がまだまだ注目されていたはずだが、その記述はこの本では最終節わずか三ページに留まる。

口腔という、常時唾液に覆われ常在菌叢を育む直視可能な粘膜、そこには様々な感染症の最初の徴候が現れる。その初期病変の鑑別が、感染症治療において重要なのだという。その粘膜を貫通して骨内から外界に突出する硬組織を持ち、その硬組織が繊細な神経に取り囲まれた感覚器であると同時に複雑な動きをする運動器であるために、人はその機能の不具合を敏感に感じ取る。その不具合の訴えをもって受診する患者の口腔という複雑な小宇宙を相手にする歯科医師こそは、プライマリケア医でなければならない。これが、明治三十八（一九〇五）年『齒牙充塡學』の自序において想い描いた「歯科学ハ尚少シク医化シ……、一般医学ハ之レニ歯化シ……」という夢だったのである。

終章引用文献
（1）『日本歯科医師会雑誌』11（10）、37頁、1959年1月
（2）佐藤運雄「歯科醫學の立場に就いて（四）」『齒科醫報』8（9）、8頁、1920年
（3）佐藤運雄「齒科醫學の立場に就いて（四）」『齒科醫報』8（9）、9頁、1920年
（4）佐藤運雄「口腔と全身性疾患」日本歯科医師会、1953年
（5）Franz Schick: Der Mund als Spiegel der Krankheit. Johann Ambrosius Barth, Leipzig, 1939.

佐藤運雄年表

西暦（和暦）	政治・経済・国際関係	歯科・医科の出来事	佐藤運雄関係
1874（明治 7）	佐賀の乱		
		医制 76 条（長与専齋）発令　医師開業試験	
1875（明治 8）		東京医学会社設立	
		小幡英之助　新規科目歯科で受験	
1876（明治 9）	萩の乱		
1877（明治 10）	西南戦争		
	コレラ大流行		
	エジソン　蓄音器発明		
1878（明治 11）		髙山紀齋　銀座に歯科開業	
1879（明治 12）	エジソン　電灯発明		
		内務省に「中央衛生会」発足	
		医師試験規則制定	
		医術の科目を「内外専門家、内科産科、眼科及び歯科」と規定	
			運雄：11 月、近藤碌二の三男として生まれる
1881（明治 14）			イーストレーキ、横浜山手で開業。佐藤重入門
1882（明治 15）	三国同盟（ドイツ・オーストリア・イタリア）		
	米国で中国人労働者の移住を禁ずる法律		
	コッホ　結核菌を発見		
			近藤鶴二（実兄 13 歳）長谷川保の養子となる
1883（明治 16）		医術開業試験規則（太政官布達第 34 号）	
		医師免許規則（太政官布達第 35 号）	
		これにより産科と眼科は医術科目、歯科は別に試験科目が定められた	
		大日本私立衛生会設立	
1884（明治 17）		第 1 回医術開業歯科試験（試験委員：三猪謙三、井野春毅）	
			佐藤重：長谷川の門を出て日本橋小網町に開業
1885（明治 18）		乙酉会　設立	
		第 2 回医術開業歯科試験（試験委員：髙山紀齋）	
		内務省通達 入歯歯抜口中療治接骨営業者取締方	
			佐藤重：日本橋小網町の歯科診療所全焼
			日本橋浜町に移転、更に京橋弥左衛門町に移転
	初代総理大臣に伊藤博文		
1886（明治 19）	帝国大学令（これにより東京大学医学部は帝国大学医科大学となる）		
1887（明治 20）	学位令公布		
		歯科交詢会（小幡英之助）設立	
1888（明治 21）		石橋泉　東京歯科専門医学校設立（同年 8 月廃校）	
		高橋富士松　歯科矯和会を開校	

1888（明治 21）　榎本積一ら　歯科談話会を創立
1889（明治 22）　大日本帝国憲法公布
運雄：佐藤重の養子となる
歯科矯和会改め歯科講義会
歯科学校（のち大澤歯科学校）開校
1890（明治 23）　中原市五郎　九段の岡田三百三の診療所を引き継ぎ開業
第 1 回日本医学会（発起人総代：乙酉会・石黒忠悳）
髙山歯科医学院　開校
1890（明治 23）　運雄：実兄 鶴二 病没（22 歳）
歯科談話會改め歯科研究会（最初の雑誌『歯科研究会録事』発刊）
第 1 回帝国議会開催　教育勅語発布
1891（明治 24）　歯科学校改め大澤歯科学校
『歯科研究会月報』（研究会録事改め）発刊
露仏同盟成立
1893（明治 26）　乙酉会　大日本創立協議会を発足
第 2 回日本医学会（発起人総代：田口知美）伊澤信平参加
第 1 回大日本医会大会（長与専斎、高木兼寛、長谷川泰ら）
渡邊敬三郎　愛知歯科医学校を開校
藤原市太郎　大阪歯科医学講習所を開校
仙台歯科医学校　開校
歯科医会設立（発起人：伊澤道盛、小幡英之助、髙山紀齋）
運雄：東京尋常中学校（東京府第一中学）入学
1894（明治 27）　明治東京地震（震度 6）
豊島沖海戦
日清戦争　宣戦布告
愛知歯科医学校　開設、一井正典　神保町に歯科開業
医師免許改正法案（漢方医継続）否決
1895（明治 28）　日清講話条約締結、三国干渉
藤原正哉　大阪歯科学教授所を開設
歯科研究会改め歯科医学会、『歯科学会月報』（研究会月報改め）発刊
川上厳華（日本医事週報主筆）「医歯一元論」翌月、血脇守之助の反論
『歯科医学叢談』創刊
1896（明治 29）　日本郵船　シアトル航路を開く
明治三陸地震津波（6 月 15 日、死者約 22,000 人）
1896（明治 29）　石原久、試験委員に任用
運雄：髙山歯科医学院（院外生？）で学ぶ
髙山歯科医学院卒業者が米国歯科大学 3 年に編入可となる
日本歯科医会結成（歯科医会改め）
1897（明治 30）　第一次日清戦争後恐慌

大日本医会　帝国議会に医士法案　提出　不成立
金本位制に復す
京都帝国大学　開設（帝国大学を東京帝国大学に改称）
1897（明治 30）　血脇守之助ら「官立歯科医学校設立」帝国議会請願
1898（明治 31）　東洋汽船　サンフランシスコ航路を開く
「開業試験出願時の修学履歴保証人（を歯科開業医に限る）」に関する建議書
官立歯科医学校設立請願を可決（第 12 回帝国議会貴族院）
医術開業試験規則改正に伴い、開業試験出願時に歯科開業医の推薦が要件となる
運雄：医術開業歯科試験合格。その後、済生学舎に学ぶ。
1899（明治 32）　関西歯科医懇親会開催
医師会法案（大日本医会提出）貴族院で否決、明治医会結成
中学校令
運雄：歯科医術開業免状（医籍 471 号）交付
京都帝国大学医科大学　開設
運雄：徴兵検査「乙種」合格
1900（明治 33）　東京歯科医学院開校（高山歯科医学院を継承、東京歯科大学の前身）、温交会設立
『歯科学報』（歯科医学叢談を改称）を発刊
関西連合医会発足
運雄：3 月日本丸にて渡米
7 月レイクフォレスト大学歯科部最終学年に編入
1901（明治 34）　『渡米案内』（片山潜）ベストセラー
桂太郎内閣、元老伊藤博文 米欧歴訪
セオドア・ルーズベルト、第 26 代大統領に就任（マッキンリー大統領暗殺の後）
東京歯科医学院　三崎町に移転開校
官立歯科医学校設立の件可決（第 15 回帝国議会衆議院本会議）
運雄：DDS 学位取得
シカゴ大学ラッシュ医科大学第 3 学年に編入
1902（明治 35）　日本歯科医会（高山会長、富安副会長）日本歯科学会（会長伊澤信平、副会長榎本積一）創設
第 1 回日本聯合医学会（大会長田口和美、上野東京音楽学校）歯科は招聘されず
第 5 回関西歯科医会総会（京都）
米国　中国人排斥法を恒久措置とする
1902（明治 35）　東京帝国大学医科大学に歯科新設
1903（明治 36）　専門学校令　公布、済生学舎廃校
日本歯科医師大会（大阪・岸松館、会長西村輔三）
帝国聯合医会

1903（明治 36）　大日本歯科医会（髙山会長、榎本副会長、理事；血脇、曽根、佐藤、名誉会長；小幡、渡邉、西村）
日本歯科医学会創立
運雄：シカゴ大学医学部ラッシュ医科大学卒業
MD 取得後帰国
日本歯科医学会訳語調査会主査
東京歯科医学院講師　矯正歯科学担当
帝国大学医科大学病院　歯科　介補
1904（明治 37）　日本、ロシアに宣戦布告（2 月）
運雄：医術開業免状　取得
運雄：奥村鶴吉『歯科医術及医学の本義並びに分科に就いて』を批判し『所謂歯科医学の名称及び分類について』を発表
1905（明治 38）　旅順要塞陥落（1 月）、西園寺公望内閣成立（第一次）
日本海海戦で日本連合艦隊勝利（5 月）、日露両国「ポーツマス条約（日露講和条約）」調印（9 月）
日清両国「満洲に関する日清条約」（北京条約）調印（9 月）
京都歯科医学校設立
運雄：『歯牙充填学』出版
1906（明治 39）　第 2 回日本聯合医学会（大会長北里柴三郎）第 17 部会（部会長石原久）歯科参加
運雄：東京陸軍予備病院勤務、医学部講師政子と結婚し、本郷弥生町に居を移す
医師法、歯科医師法公布
公立私立歯科医学校指定規則（医術開業試験免除規程）
南満州鉄道（株）設立
1907（明治 40）　日本聯合歯科医会（大日本聯合歯科医会改め）
共立歯科医学校（日本歯科大学の前身）設立
東京歯科学講習所 設置認可
東京歯科医学専門学校 認可（3 年制、徴兵免除、国試験免除）
運雄：東京歯科医学専門学校　専任教員
『歯科学通論』出版
大連ヤマトホテル営業開始、撫順炭坑大山坑掘削開始
1908（明治 41）　第二次桂太郎内閣
『歯科新報』創刊
運雄：大連病院歯科医長
1909（明治 42）　医師法および歯科医師法の第一次改正
日本歯科医学専門学校　認可
大日本歯科医会（髙山紀齋）設立（日本歯科医会解散）
伊藤博文、ハルピン駅で暗殺
1910（明治 43）　東京歯科医学専門学校、無試験開業指定校となる（2 月）

歯科医学校設立に関する建議案（衆議院本会議）可決
第 3 回日本医学会（大会長青山胤通、第 16 分科会長西村輔三）
東京女子歯科医学講習所開設、東京歯科医学校（東京歯科学講習所改め）設立
日本歯科医学専門学校 無試験開業指定校となる（6 月）
横浜事件（普通医の歯齦切開が告発される）
運雄：満州より帰朝
1911（明治 44）　運雄：南満医学堂教授
スタンダード式歯冠継続術試験問題事件
伊澤信平試験委員（1886-1911）辞任
運雄：文部省試験委員
1912（明治 45）　中華民国　成立
歯科技術師設置の請願（入歯細工職石田鉄之助ほか）
1913（大正 2）　大正政変（第一次憲政擁護運動による第三次桂太郎内閣総辞職）
運雄：父佐藤重病没（56）、佐藤歯科医院を継ぐ
医科－歯科試験規則分離、歯科医学懇話会設立
1914（大正 3）　サラエボ事件（6 月）
日本聯合歯科医会「医師の歯科医業禁止」陳情
オーストリア、セルビアに宣戦布告（第一次世界大戦始まる）
日本、対ドイツ宣戦布告
日本聯合医師会設立
第 4 回日本医学会（大会長大沢謙二、第 16 部会長血脇守之助）
1914（大正 3）　歯科医師法改正期成同盟会「歯科医師法改正案」議会提出
1915（大正 4）　東京帝国大学の歯科が講座に昇格 石原久教授となる
島峰徹　文部省試験委員　試験附属病院（永楽病院）歯科医長となる
アインシュタイン　一般相対性理論発表
運雄：弥左衛門町で臨床試問会を発足
1916（大正 5）　聯合歯科医会提案　歯科医師法改正案（第二次；歯科医学校から歯科医学専門学校に改正）改正公布
1916（大正 5）　東洋歯科医学校（日本大学歯学部の前身）設立
歯科医学専門学校生の徴兵猶予、医科－歯科開業試験会場を分離
大日本医師会（日本聯合医師会改め）設立
1917（大正 6）　ロシア革命（二月革命）（3 月）
運雄：『歯科治療学』出版
東洋歯科医学校附属医院　開設
東大小石川分院　開設（永楽病院改め）
明華女子歯科医学講習所　開設
医師開業試験改廃、日本歯科学会（日本歯科学研究会改め）
大阪歯科医学専門学校（大阪歯科大学の前身）認可設立

1917（大正 6）　ロシア革命（十月革命）（10 月）
1918（大正 7）　日本歯科口腔科学会 設立
第 5 回日本医学会（大会長緒方正規、第 16 部会長花澤鼎）
シベリア出兵（8 月）、米騒動、第一次世界大戦終結（11 月）
大学令　公布
1919（大正 8）　パリ講和会議
大学令施行に伴い東京帝国大学医科大学は東京帝国大学医学部となる
日本聯合歯科医会を日本聯合歯科医師会に改称
石原久教授退任要求決議
東洋歯科医学校　駿河台北甲賀町へ移転
1920（大正 9）　国際連盟発足
慶応義塾大学、早稲田大学　認可設立（2 月）
財団法人東洋歯科医学専門学校（校長:佐藤運雄）認可設立（3 月）
東京商科大学、日本大学、明治大学、法政大学、中央大学、日本大学、国学院大学
同志社大学　認可設立（4 月）
運雄:『歯科医学の立場に就いて』歯科医報（6～9月）
花澤鼎　歯科医師初の医学博士（慶応）取得
石原久教授辞任勧告状
1921（大正 10）　中国共産党　創立
『東洋歯科月報』創刊
九州歯科医学専門学校（九州歯科大学の前身）　認可
明華女子歯科医学専門学校　認可
1921（大正 10）　原敬首相　東京駅頭で暗殺
1922（大正 11）　健康保険法公布
第 6 回日本医学会（大会長荒木寅三郎、第 16 部歯科・口腔科学会長堀内徹）
日本大学専門部歯科設立（歯科長：佐藤運雄、東洋歯科医学専門学校　廃止）
東京女子歯科医学専門学校（廃校となったが、神奈川歯科大学の前身）認可
運雄：東京学生新聞によるスキャンダル報道
「東洋歯科医専の名誉毀損事件」（歯科医報）にかかる舌禍事件
日本大学専門部歯科　無試験開業指定校認可申請
歯科資格取得期成同盟会発足「歯科医師をして医師たらしむべき特別法制定」に関する請願
1923（大正 12）　日本聯合歯科医師会 「歯科資格取得請願」に対する反対意見書提出
歯科大学創設の運動興る

関東大震災（9月1日）
公法人日本医師会（会長北里柴三郎）設立
1924（大正13） 日本大学専門部歯科　無試験開業指定校認可（8月）
1925（大正14） 日本大学専門部医学科設置（医学科と歯学科の合同教育開始）
治安維持法、普通選挙法公布
歯科医師法第三次改正

1964（昭和39） 佐藤運雄没

参考文献：

日本歯科医師会編『歯科医事衛生史』前巻．日本歯科医師会，1940.

血脇守之助傳編集委員会『血脇守之助傳』．学校法人東京歯科大学，1979.

山口秀紀ほか：日本歯科医学史（第3報）大正期における総会について．日本歯科医史学会々誌，27(3), 146-151, 2008.

吉澤信夫ほか：東京歯科大学が各種学校から専門学校昇格に至る歴史的背景（1）明治初期から専門学校令の発布まで．歯科学報，113(1), 26-40, 2013.

金子譲ほか：大正後期から昭和初期における歯科医学教育 第4編，初めての官立歯科医学校設立における島峰徹と先立つ血脇守之助らの執拗な帝国議会請願．歯科学報，117(6), 447-472, 2017.

吉澤信夫ほか：医科歯科一元二元論の歴史的検証と現代的意義（2）伝統医学と洋方（泰西）医学の相克並びに歯科団体の動向．歯科学報，117(3), 197-213, 2017.

金子譲ほか：大正後期から昭和初期における歯科医学教育 第3編、日本大学専門部歯科の設立と私立歯科医育機関の隆盛．歯科学報，117 (4), 305-322, 2017.

歯学部百年史編纂委員会『日本大学歯学部百年史』．日本大学歯学部，2017.

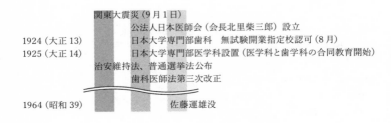

人名索引

B
Beck, Carl/ ベック 49, 102
Billings, Frank/ ビリングス 195
Black, GV/ ブラック 35, 97
Bowman, GA/ ボウマン 58
Brophy, Truman W/ ブロフィー 35, 41
Buckley, John Peter/ バックリー 58

C
Case, CS 35
Clarke, EL 58

D
Van Denburgh, D/ ヴァンデンブルフ 19

E
Eastlake, William Clark/ イーストレーキ 8
Elliot, SJ/ エリオット 11

F
Flexner, Abraham/ フレクスナー 45
Flexner, Simon/ フレクスナー 54

G
Gardner, Frank H/ ガードナー 43
Gies, William J/ ガイス 218
Gutmann, James L 59

H
Harlan, AW/ ハーラン 43, 56, 102
Harris, Chapin A/ ハリス 42
Hayden, Horace H/ ハイデン 42
William, Hunter/ ハンター 195

J
Jhonson, CA/ジョンソン 98
Jhonson, CN 35
Johnston, Harry B 59

K
Keane, HC 59

M
McKinley, William/ マッキンリー 51
Miller, WD/ ミラー 195
Morgan, John P/ モルガン 51

P
Perkins, H Mason/ パーキンス 79
Price, WA/ プライス 197

R
Rockefeller, John D/ ロックフェラー 44
Roosevelt, Theodore/ ルーズベルト 55
Rosenow, Edward C/ ローズナウ 195

S
Schick, Franz/ シック 260
Schultze, Wilhelm/ シュルツ 95
Scriba, Julius Karl/ スクリバ 94
Summers, James/サンマース(サマーズ) 18

T
Talbot, Eugene/ タルボット 43

V
Vulpius, Oscar/ ウルピウス 109

W
Welch, William Henry 49
Wightman, HW 49

あ
青木貞亮 176
青柳信五郎 113
青山胤通 30, 31
荒木盛英 112, 237
安藤二蔵 103
安藤順作 191
安禄山 99, 203
い
伊澤信平 82, 87, 140
伊澤道盛 8, 9, 82, 140
石黒忠悳 76, 110, 137
石田鉄之助 153
石塚三郎 156
石原久 92, 126, 140, 160, 161, 223
石原昌迪 109
泉鏡花 70
伊藤忠三郎 104
伊藤博文 51, 55
稲生俊 243
井野春毅 140
今田見信 131, 172, 211, 242
入澤達吉 76, 84, 113, 247
う
植木枝盛 73
え
榎本積一 78, 87, 135, 156, 225
根本正 158
遠藤至六郎 138, 145, 218
お
大隈重信 156
大鷹仁太郎 214, 243
岡田良平 137
岡田和一郎 106, 108, 110
小川勝一 103
沖野節三 189
奥村鶴吉 77, 100, 152, 201, 231
尾崎行雄 38
小幡英之助 11, 82, 140
か
河西健次 126, 220
片山国嘉 247
片山潜 32, 38
金井喜平治 142, 253
金杉英五郎 76, 108
金森虎男 210, 211
川合渉 132, 145, 176, 202, 236
川上為次郎 126, 193
川上元治郎 71, 74, 75, 84, 113, 245
河邊清治 57, 140, 193
き
北里柴三郎 76, 94, 117
北村一郎 210
北村二郎 176
木戸孝允 73
木下正中 247
く
黒沢佐太郎 176
こ
後藤京平 176
後藤新平 81, 94, 126
近藤碌二 6
さ
桜井鉱 172

さ
佐々木重衛門 143
佐藤三吉 75, 92, 93, 107, 180, 212
佐藤重 8, 143
佐藤善右衛門 10, 27
し
品川弥二郎 8
島峰徹 178
清水市太郎 158
す
菅原傳 38
鈴木祥井 117
栖原六郎 40
せ
関根永滋 40, 246, 257
た
高木兼寛 31, 81, 137
高津弌 135, 238
高橋虎一 104
高橋直太郎 103, 104, 135, 210
高橋富士松 8
高峰譲吉 53
髙山愛子 75
髙山紀齋 19, 78, 82, 140
瀧澤保五郎 243
田代基徳 105, 110
田代義徳 94, 105, 106, 108, 110, 247
田中榮一 204
田原利 78
ち
血脇守之助（ペンネーム：天籟） 20, 66, 71, 72, 73, 74, 87, 93, 103, 112, 116, 156, 237, 245
つ
土屋清三郎 220, 243, 245
て
ルネ・デュボス 197
寺木定芳 70, 130, 135, 140
と
遠山椿吉 76, 100
栃原義人 179
富安晋 78, 100, 135, 237
な
長尾優 131, 178, 210, 212
中川大介 202, 242, 250
中原市五郎 87, 116, 117, 129, 132, 134, 135, 136, 151, 152, 155, 157, 175, 200, 205, 217, 248
中原泉 73, 131
中原徳太郎 247
長與專齋 81
夏目漱石（本名：金之助） 36, 52
成田蜂代 191
に
西村輔三 79, 116
の
野口英世（本名：清作） 20, 21, 53, 80

は
長谷川泰　21, 81, 83
長谷川保兵衛　8
畑井新喜司　53, 54
鳩山一郎　115
鳩山和夫　115
花沢鼎　237
林了　201
林曄　108
林春雄　247
ひ
平野長壽　191
ふ
深沢竜之助　172
藤島太麻夫　78
降幡積　127
ほ
星一　56
ま
前田慶次　168, 203, 231, 250
牧謙治　135
松田英雄　135, 218, 233
松田理一　202
松本順　110
み
三潴謙三　140
宮本仲　247
も
森鷗外（本名：林太郎）30, 31, 81, 83, 110
森鷄次郎　244
森山茂　75
や
八木端　179
山岡萬之助　128, 220, 222
山県有朋　8
山田平太　257
山本茂三郎　237
よ
横地秀雄　134, 189
わ
渡邊良齋　10, 13

秋元秀俊　(あきもと ひでとし)

1952年、兵庫県西宮市に生まれる。大学卒業後、元町（横浜）で木工職人の見習いの後、いくつかの職を経て業界紙記者、人文図書編集。歯科臨床家向け月刊誌「ザ・クインテッセンス」の創刊に携わり、同誌編集人を務める。1990年に独立後、医療専門の企画・編集とともにジャーナリストとして医療関連記事を執筆。有限会社 秋 編集事務所（書籍企画・編集）代表。
著書に『良い歯医者と治療がわかる本』('98)、『ドイツに見る歯科医院経営の未来形』('01)、『手仕事の医療 評伝石原寿郎』('17)。共著に『〈歯科〉本音の治療がわかる本』('94)、『医療事故の責任』('07)、『院内事故調査の手引き』('09)、『3・11の記録 震災が問いかけるコミュニティの医療』('12)、『院内事故調査　実践マニュアル』('15)、など。

歯医者《はいしゃ》は医者《いしゃ》かと問《と》う勿《なか》れ

2024年3月20日　初版第1刷発行

著　　者　秋元秀俊

発 行 者　秋元麦踏

発 行 所　生活の医療株式会社
東京都文京区関口1 - 45 - 15 - 104　郵便番号　112 - 0014

印刷製本　中央精版印刷株式会社

 ISBN978-4-910700-03-8 C0036

秋元秀俊　著

手仕事の医療

評伝　石原寿郎

「歯は、目で見て、自分で治して、そうして、効果がわかる。」石原は自分に言い聞かせるように訥々と、歯科医師への転身をそう語った。氏の中で、科学としての歯科医学と手仕事としての歯科医療は常にせめぎ合いつつ、併存していた——。これはノンフィクションであり、歯科医学の現代史である。石原寿郎というひとりの孤高の学者の仕事と彼をめぐる状況を、歴史的資料によって跡づけ紡ぐことで、いまの日本の歯科医師とは何者なのかが、見えてくる。

生活の医療社

大脇幸志郎 著

「健康」から生活をまもる

最新医学と12の迷信

健康のためにがまんしていませんか？　そのがまん、しなくていいかもしれません。いつも生活に気をつけて、正しい情報を収集している方にこそ読んでいただきたい本です。

最新医学は「エビデンスに基づく医療」のさらに先を見ています。いまの時代に医学知識を役立てるために大事なことはなんだろう？　その答え、実はあなたがもう知っていることです。この本を読んで、忘れていた自分にもう一度出会ってください。

生活の医療社

ペトル・シュクラバーネク 著
大脇幸志郎 訳

健康禍
人間的医学の終焉と強制的健康主義の台頭

イリッチ、フーコー、ラッセル、ミル、モンテーニュ、マーク・トウェイン…分野の壁を突き抜けて現代社会の矛盾に挑んだ医師、シュクラバーネク。忘れられた傑作が、四半世紀を経た今、復活の時を迎えた。

「健康主義は強力なイデオロギーである。なぜなら、非宗教化した社会において、健康主義は宗教が欠けたあとの真空を埋めてくれるから」（本文より）

生活の医療社

名郷直樹 著

いずれくる死にそなえない

僕らに必要なのは「下り坂の哲学」だ。日本の高齢者人口は世界一、寝たきりも認知症もすぐそこにある我が事だ。なのに、やれ筋トレだ脳トレだと「健康な老い」という無理ゲーにはまって死ぬまで安らげない。僕らに必要なのは「下り坂の哲学」だ。ＥＢＭの大家である名郷さんが、そんな僕らに「安楽寝たきり」から「ことほがれる死」へという道を指し示してくれた。老いを楽しみ死をことほごう、これは僕らの時代の人間賛歌です。

——高木俊介(精神科医)

生活の医療社

ジェイムズ・C・モア 著
大脇幸志郎 訳

ホノルル　ペストの火

1900年チャイナタウン炎上事件

火のおかげで、ホノルルのチャイナタウンからペストはなくなった。火のおかげで、家も、金も仕事も生活も、チャイナタウンそのものも、丸ごと焼けてなくなった。これは、一方では公衆衛生政策の勝利の歴史である。しかし同時に、人種差別と帝国主義に強く影響された悲劇の記録でもある。当時の新聞や議事録、オーラルヒストリーなどの博捜に基づく圧倒的ディテールによって、歴史・政治的背景と複雑に絡み合う思惑と理想と偶然が再生される。

生活の医療社